幼儿园体育活动设计与指导

主编 宗珣 副主编 王蓉 董姗姗

图书在版编目(CIP)数据

幼儿园体育活动设计与指导 / 宗珣主编. —合肥:安徽大学出版社,2017.7(2019.5重印)
幼儿教师培训用书
ISBN 978-7-81110-834-7

Ⅰ. ①幼… Ⅱ. ①宗… Ⅲ. ①体育课－幼教人员－教师培训－教材 Ⅳ. ①G613.7

中国版本图书馆 CIP 数据核字(2013)第 100108 号

出版发行:	北京师范大学出版集团
	安 徽 大 学 出 版 社
	(安徽省合肥市肥西路 3 号 邮编 230039)
	www.bnupg.com.cn
	www.ahupress.com.cn
印 刷:	安徽昶颉包装印务有限责任公司
经 销:	全国新华书店
开 本:	184mm×260mm
印 张:	5.75
字 数:	74 千字
版 次:	2017 年 7 月第 1 版
印 次:	2019 年 5 月第 2 次印刷
定 价:	15.00 元

ISBN 978-7-81110-834-7

策划编辑:王先斌	装帧设计:李 军
责任编辑:杨 序	美术编辑:李 军
责任印制:赵明炎	

版权所有　　侵权必究
反盗版、侵权举报电话:0551－65106311
外埠邮购电话:0551－65107716
本书如有印装质量问题,请与印制管理部联系调换。
印制管理部电话:0551－65106311

目录

前言 1

总述 1

❖小班体育活动设计❖

小熊捡苹果 2
猫宝宝送礼物 3
小兔快跑 5
袋鼠运果果 6
小猴摘桃 7
赶跑大灰狼 8
熊宝宝打雪仗 9
小狗学本领 10
猫捉老鼠 11
宝贝考"驾照" 12
毛毛虫,快长大 13

❖中班体育活动设计❖

小兔运水果 16
我是小司机 18
快乐变变变 19
快乐地跑 20
我和影子做朋友 22

快乐连连跳	23
趣味玩沙包	24
好玩的塑料袋	26
小小挑战者	27
勇敢的消防员	28
小熊盖房子	29
快乐转转转	31
荷叶上的小青蛙	33

❖ 大班体育活动设计 ❖

徒步登山	36
趣味运球	37
快乐的小螃蟹	38
冲过封锁线	39
开心接力赛	40
小鸡捉虫	42
猎人打猎	43
投纸球	44
小小巡逻兵	45
小小螃蟹	46
熊宝宝减肥记	47
小小解放军	48
好玩的椅子	50
花样轮胎	51
呼啦圈	52

❖ 亲子活动设计 ❖

小班 56

射光斑	56
小袋鼠学本领	56
小熊过桥	57
蚂蚁运粮食	57

中班 58

| 老鼠笼 | 58 |

跷跷板	58
小猴摘果子	59
勇敢的小战士	59
鱼跃龙门	60

大班 …… 60

手脚传球	60
滚滚车轮	61
海洋球传传乐	61
神奇的魔法鞋	62

❖ 幼儿园自制体育器材 ❖

彩色魔方	64
毛茸茸的球	65
爬爬乐	66
拾果果	67
跳来跳去	68
多面投球	69
我是小小挑山工	70
紧抓不放	71
乌龟爬爬	72
动物套圈圈	73
我给小兔喂萝卜	74
旋转的飞盘	75
滚动棒	76
掂一掂	77
蹦蹦跳跳	78

后记 …… 79

前言

教育部颁布的《幼儿园教育指导纲要(试行)》指出,幼儿园要"开展丰富多彩的户外游戏和体育活动,培养幼儿参加体育活动的兴趣和习惯,增强体质,提高对环境的适应能力"。同时,"在体育活动中,能培养幼儿坚强、勇敢、不怕困难的意志品质和主动、乐观、合作的态度"。幼教工作者,应全面贯彻《幼儿园教育指导纲要(试行)》精神,本着促进幼儿身心健康发展的目的,遵循可持续性发展的原则,创设健康、安全的体育运动环境,设计适合幼儿生理、心理特点的体育活动。

教育家陶行知在半个世纪前就发出"我希望大家把儿童健康当作幼稚园里面第一重要的事情,幼稚园教师应当作健康之神"的号召。健康对幼儿来说尤为重要,他们犹如一棵棵刚刚破土的幼苗,如果因为教师的不当教育而伤害了他们,那么,将来他们很难长成参天大树。因此,每一个幼教工作者都要努力地做幼儿的"健康之神",促进幼儿健康成长。

当前,幼儿体育活动已受到教师们的普遍重视,许多幼儿园开展了形式多样、内容丰富的体育活动,然而丰富多彩的体育活动离要达到的目标还有段距离。如有的教师只重视体育活动的过程而不注重所要达到的目标,有的教师过分强调兴趣而不注重体育活动的作用,有的教师灌输方法用得比较多,有的老师随意安排幼儿的活动量等,这些都不符合幼儿的身心健康发展。

为了促进幼儿体能的全面发展,构建科学的幼儿园体育课程,我园一线教师经过长期实践,积累了大量的优秀案例。本书以《幼儿园教育指导纲要(试行)》和《3~6岁儿童学习发展与指南》为指导,根据幼儿生理、心理等特点,详细划分

了各年龄段幼儿所能完成的基本体育活动等目标。为教师设计体育活动教案,提供了清楚的技能目标。通过体育活动设计、亲子活动设计、幼儿园自制体育器材,我们希望能培养幼儿热爱运动、活泼开朗、不怕困难的良好品质,最终达到促进幼儿的身心健康发展。

我们期望这本《幼儿园体育活动设计与指导》的出版发行,能够对广大的幼教工作者做好幼儿体育教育活动有所引导和帮助。

限于学识,书中难免存在不足,真诚欢迎读者批评指正,以便做进一步修改。

宗 珣

2016 年 4 月

总述

一、幼儿园体育活动的本质

幼儿园体育活动是借助各种体育器械,以游戏的形式组织幼儿进行的身体活动,旨在提高幼儿运动技能水平、基本活动能力和幼儿身体素质,从而达到增强幼儿体质的目的。

二、幼儿园体育活动的特点

幼儿园体育活动的对象是3～6岁的幼儿,这一年龄段的幼儿有着自己的生理、心理特点。老师在设计体育活动教案时要遵循幼儿的生长发育特点,设计科学、有效的体育活动。

1.适宜性。3～6岁幼儿的发育速度很快,精力充沛,处在爱玩、爱动的阶段。肌肉的发育还处于不平衡阶段:大肌肉群发育早,小肌肉群发育还不完善。因此,这一阶段的幼儿需要通过大小肌肉群的不断反复运动,不断完善身体各部位的功能。教师在设计体育活动教案时,应结合幼儿的年龄特点,制订合适的活动内容,选择适合幼儿活动的器材,安排适当的活动时间(如小班活动时间为10～15分钟,中班活动时间为20～25分钟,大班活动时间为30～35分钟),避免运动过度或没有达到效果。

2.灵活、可供调整的目标。教师应根据本班幼儿的生长发育特点,了解幼儿的运动技能水平,因人而异地制订科学、有效的活动目标。在活动中,教师还需围绕目标有针对性地进行动作练习,以目标为评价标准,注意观察每个幼儿的动作发展水平,同时要根据幼儿对动作要领的掌握水平及身体活动时的状态,调整预先设定的目标,最终达到体育锻炼的效果,促进幼儿的身心发展。

3.趣味性。幼儿具有好奇、好动、爱探索的特点。如果只是单纯地让幼儿进行体育活动,那么久而久之,他们会对体育活动产生厌倦、不耐烦等情绪。另外,呆板、形式化的体育活动也难以激发幼儿参与的兴趣与热情。因此,在创编和组织体育活动时,教师既要遵循幼儿的生理、心理发展规律,把握好运动量,保证场地和器材的适宜性,同时还要注重体育活动

内容上、形式上的新颖性和趣味性,让幼儿不仅能在体育活动中得到锻炼,而且能在活动中找到快乐,从而发自内心地喜爱体育活动,养成良好的运动习惯。

三、幼儿园体育活动的基本动作

体育活动的基本动作分为走、跑、跳、投掷、攀、钻、爬。

四、幼儿的身体素质类型

幼儿的身体素质分为:力量、耐力、协调能力。

小班体育活动设计

小班幼儿体育活动设计的目标主要包括：

※学习听信号向指定方向走、跑、跳、平衡、钻、爬等。

※能按教师口令有节奏地做操，如立正、稍息、原地踏步走等。

※练习向前方或远处挥臂投掷各种物体，双手向上、向前或向后抛球，学习拍球、接球动作。

※了解一些安全知识，不去危险的地方玩，不随便离开老师、集体，不跟陌生人走。

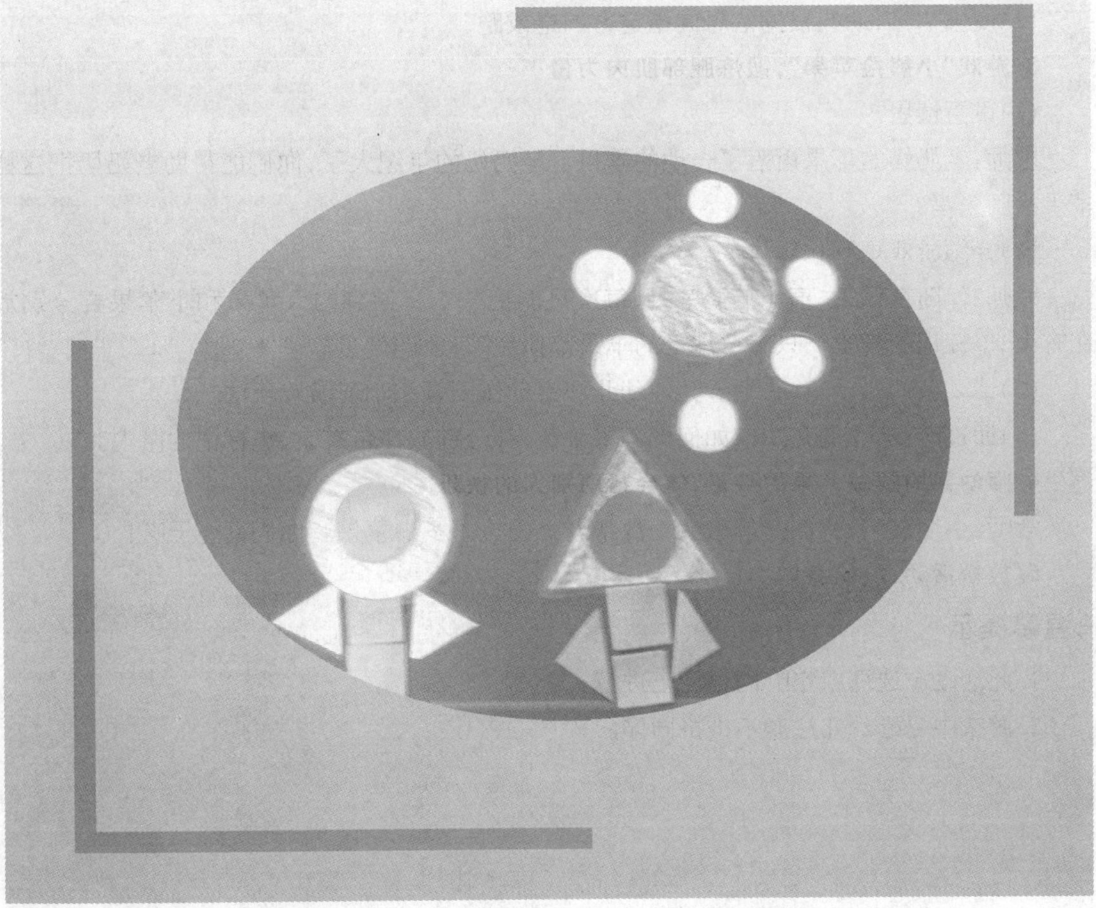

小熊捡苹果

活动目标

1. 学会按信号向指定方向走或跑,锻炼腿部肌肉力量。
2. 做分类练习,感受帮助他人的快乐。

活动准备

用报纸搓成的大、小"苹果",带有大、小标记的筐,磁带,录音机。

活动过程

1. 热身活动,舒展身体

带领幼儿进行热身活动。(上肢运动、体侧运动、下肢运动、踝腕关节运动、全身运动)

2. 练习向指定方向走或跑

(1)交代要求。

教师:你们须听到我的指令再走或跑。

(2)发出信号,幼儿根据信号向指定方向走或跑。

3. 游戏"小熊捡苹果",锻炼腿部肌肉力量

(1)设置情景。

教师:老奶奶的苹果树落了一地的苹果。老奶奶的年纪大了,你们能帮助老奶奶把这些苹果捡回来吗?

(2)介绍游戏规则和玩法。

教师:伴随音乐,去草地上捡苹果,每次只能捡一个。捡到的大苹果和小苹果要分别放在有大、小标记的筐里。只有草地上的苹果都捡完时,才能休息。

(3)请2名幼儿示范,并引导其他幼儿观察动作要领和学习游戏玩法。

(4)通过游戏,让幼儿知道如何把苹果分类,并分别放在带有大、小标记的筐内。

4. 师幼共同数数苹果的数量,体会帮助别人的快乐

教师:小朋友们,我们一起来数一数帮老奶奶捡了多少苹果。你们真能干呀!

5. 放松活动,放松身体

温馨提示

1. 此活动应选择在空旷的草坪上进行。
2. 游戏中提醒幼儿注意不推挤同伴。

猫宝宝送礼物

活动目标

1. 初步了解交通规则,知道要遵守交通规则。
2. 锻炼手脚协调能力。

活动准备

小汽车,猫妈妈头饰,猫奶奶头饰,红、绿灯指示牌,磁带,录音机。

活动过程

1. 热身活动,舒展身体

教师:小朋友们,我们一起来做小猫热身操吧。让我们动动胳膊、动动腿,像小猫一样运动吧。(上肢运动、体侧运动、下肢运动、踝腕关节运动、全身运动)

2. 游戏"猫宝宝拉小车",练习手脚协调能力

(1)出示小汽车,介绍游戏规则和玩法。

教师:小朋友们,看看这是什么呢?我们一起去开车好吗?开车的时候要遵守交通规则,红灯停,绿灯行。老师拿红灯指示牌的时候,你们一定要停下来;老师拿绿灯指示牌的时候,你们就可以开了。马路上的车很多,开的时候要找空地方开,开得慢一点,小心不要翻车。

(2)幼儿开始玩"红灯停,绿灯行"游戏。

(3)观察幼儿做游戏的情况,提醒幼儿看好信号灯,开车的时候把小车开得稳稳的,不能翻车。

3. 游戏"去超市买礼物"

(1)布置超市场景。

(2)设置情景。

教师:小猫咪们,今天我们要到超市去买礼物,我们开车去吧。要注意红灯停,绿灯行。马路上的车多,开车时要小心一点。

(3)引导幼儿观察货架上有哪些物品,鼓励幼儿大胆挑选想送给猫奶奶的礼物。

4. 猫宝宝送礼物

(1)布置猫奶奶的家。

(2)设置情景。

教师:我做猫奶奶,你们要开车去猫奶奶家,开车的时候,你们要把车开得稳稳的,不要翻车。车子准备好了吗?绿灯,出发了!

(3)幼儿到猫奶奶家送礼物,提醒小司机把车开稳。

(4)引导猫宝宝与猫奶奶打招呼,并说"祝您新年快乐"。

5. 放松活动，放松身体

带领幼儿一边念儿歌，一边送车子进停车场，大家一起回家。

温馨提示

1. 选择一片较大、安全的户外场地作为幼儿的活动场所。
2. 幼儿在开车时，一定要提醒幼儿不能超速。

小兔快跑

🌀 **活动目标**

1. 学习跑的正确姿势,练习快速跑。
2. 练习躲闪跑,不碰撞同伴。

🌀 **活动准备**

兔妈妈头饰、大灰狼头饰、磁带、录音机。

🌀 **活动过程**

1. 热身活动,舒展身体

带领幼儿进行热身活动。(上肢运动、体侧运动、下肢运动、踝腕关节运动、全身运动)

2. 游戏"小兔学本领",进行跑的动作练习

(1)带领幼儿一起跑步。

(2)请动作标准的幼儿示范跑的动作。

教师:兔宝宝,你刚才是怎么跑步的?示范给我们看看吧?

(3)讲解动作要领。

教师:眼睛正视前方,身体微微向前倾,双手握拳,两臂前后自然摆动。

(4)幼儿学习跑的基本动作。

(5)带领幼儿再次外出练习跑步。

教师:来,兔宝宝们,我们再去跑步吧,看看谁跑得快。

3. 游戏"小兔拔萝卜",练习躲闪跑

(1)设置情景,介绍游戏玩法及规则。

教师:兔宝宝身体强壮了,兔妈妈带着兔宝宝到萝卜地里拔萝卜。找一名幼儿扮演大灰狼。在拔萝卜时,如果大灰狼来了(放《狼嚎》的音乐),就赶紧跑回家,千万别让狼抓走。被狼抓到的兔宝宝,要停止游戏一次。

(2)提醒幼儿在游戏中注意躲避他人,不碰撞他人。

(3)做2~3次游戏,巩固正确的跑步动作。

4. 放松活动,放松身体

教师:让我们一起拍拍胳膊、拍拍腿,放松一下。

🌀 **温馨提示**

1. 此活动适合在户外开展。
2. 注意在活动前检查活动区域是否有危险品,以免发生碰撞。

袋鼠运果果

❖ 活动目标

1. 练习双脚向前行进跳的动作,锻炼腿部力量和身体的协调性。
2. 在活动中体验和同伴合作游戏的乐趣。

❖ 活动准备

塑料圈、录音机、磁带、雪花插片(作为果子)。

❖ 活动过程

1. 热身活动,舒展身体

(1)教师:小袋鼠长大了,要去学习本领了。现在,我们先来活动一下身体吧。(伸伸胳膊搓搓背,拍拍肚子踢踢腿,扭扭屁股蹲一蹲)

(2)示范讲解双脚向前行进跳的动作。

教师:今天,我们一起来学习袋鼠跳,要记得双脚并拢,膝盖微微弯曲,用力蹬地向上跳,注意落地的时候要保持身体平衡。让我们一起来练习吧。

(3)请动作标准的幼儿再次做示范,强调双脚同时起跳。

2. 幼儿自由练习,巩固跳的动作

(1)幼儿自由练习动作,提示幼儿双脚并拢向前跳。

(2)纠正幼儿不正确的动作。

3. 游戏"运果果",巩固双脚向前行进跳的动作

(1)设置情景,并介绍游戏规则和玩法。

教师:袋鼠宝宝双脚向前跳到终点,拿到果子再跳回家中,一次只能拿一个果子。

(2)幼儿进行游戏2~3次。

4. 放松活动,放松身体

❖ 温馨提示

1. 练习双脚向前行进跳的时候,应尽量选择在草地、泥地等有一定弹性的地方进行。
2. 练习双脚向前行进跳时,教师应在场地严加保护,防止幼儿乱蹦乱跳。

小猴摘桃

◆ **活动目标**

1. 练习原地双脚向上纵跳,落地时注意保持身体的平衡。
2. 进行集体游戏活动,感受和大家一起游戏的快乐。

◆ **活动准备**

绳子、篮子、磁带、录音机、糖果(替代桃子)。

◆ **活动过程**

1. 热身活动,舒展身体

(1)教师:猴宝宝们,今天妈妈带你们去摘桃子,我们一起出发吧!
(2)幼儿听音乐,跟着教师一起来到草地上,进行热身活动。(上肢运动、体侧运动、下肢运动、脚腕运动、全身运动)

2. 练习原地双脚向上纵跳触物

(1)示范讲解原地双脚向上纵跳的动作。

教师:小猴怎样才能跳得更高呢?请看看猴妈妈是怎样做的。起跳时两腿用力往上跳,落地时注意保持平衡。

(2)幼儿练习原地双脚向上纵跳。
(3)准备1根距离地面1米高的绳子,在绳子上挂满桃子;让幼儿试着用手触碰。

3. 游戏"小猴摘桃",巩固原地双脚向上纵跳的动作

(1)设置情景。
(2)教师:猴宝宝们学会了本领,真棒,妈妈真开心!刚才我们都碰到了这些桃子。现在我们把桃子摘下来,和自己的好朋友一起分享吧!
(3)准备不同高度的桃子,让幼儿原地双脚向上纵跳摘到桃子,放到篮子里。
(4)和同伴一起分享,数一数自己摘了几个桃子。

4. 放松活动,放松身体

(1)请幼儿将摘到的桃子送给自己的同伴,学会分享。
(2)带领幼儿做放松运动,并带领幼儿回教室。

◆ **温馨提示**

1. 此活动适合在宽阔的草地上进行。
2. 幼儿在练习两脚同时起跳时,提醒其注意安全,避让同伴。

赶跑大灰狼

ꕤ 活动目标

1. 练习单手向前挥臂投掷的动作,锻炼身体的灵活性和协调性。
2. 主动参与集体活动,体验游戏的快乐。

ꕤ 活动准备

小羊头饰、大灰狼头饰、羊妈妈头饰、羊姐姐头饰、磁带、录音机、纸球(替代萝卜)。

ꕤ 活动过程

1. 热身活动,舒展身体

教师:今天天气真好。小羊们,来和妈妈一起做早操吧。(扭扭脖子拍拍手,扭扭屁股踢踢腿,弯腰摸摸脚,小脚跳一跳)

2. 练习单手向前挥臂投掷的动作

(1)示范并讲解单手向前挥臂投掷的动作。

教师:投掷时,手臂用力从后往前投,手臂要高过肩膀。

(2)幼儿分组练习,教师指导。

(3)找投掷较远的幼儿做示范。

(4)教师小结:投掷的时候,只有手臂往斜上方投掷,才能投得远。

3. 游戏"赶跑大灰狼",巩固单手向前挥臂投掷的动作

(1)在活动场地悬挂大灰狼头像,并在场地中央画圈。

(2)设置情景,介绍游戏的玩法和规则。

教师:哎呀!来了好多大灰狼。我们用刚才妈妈教的本领把大灰狼打跑吧。我们站在妈妈画的圈里,向大灰狼砸萝卜。如果跑出圈外,就会被大灰狼抓走的。

(3)提醒幼儿遵守游戏规则,犯规的停止游戏。

(4)指出幼儿投掷时存在的问题,幼儿再次游戏。

4. 放松活动,放松身体

ꕤ 温馨提示

1. 活动前检查场地,注意排查有无尖锐的物体。
2. 引导幼儿进行投掷活动时,注意安全,不要投向周围的人。

熊宝宝打雪仗

✤ **活动目标**

1. 练习投掷的基本动作,能将纸球投到较远的地方。
2. 感受游戏的快乐。

✤ **活动准备**

磁带、录音机、报纸搓成的纸球。

✤ **活动过程**

1. 热身活动,舒展身体

教师:今天,老师来做熊妈妈,小朋友们来当熊宝宝。我们一起来活动活动身体吧。(伸展运动、下蹲运动、扩胸运动、体转运动、腹背运动、跳跃运动)

2. 出示纸球,初步探索纸球玩法

(1)教师:熊宝宝们,看看这是什么?我们一起来玩一玩纸球,看看都有哪些玩法。

(2)幼儿自由玩纸球,教师观察指导。

(3)教师示范玩纸球的方法。

教师:刚才熊宝宝们都玩得很开心。谁愿意把你刚才玩纸球的方法分享给大家?

(4)教师小结:刚才熊宝宝们发现纸球有很多种的玩法,如可以向上抛、往前扔、双脚夹球跳、滚纸球、踢纸球等。

3. 练习向前投掷纸球的动作

(1)幼儿相互讨论并探索"怎样才能把球投得更远?"

(2)教师小结:手臂要抬起,举过头顶,再用劲向前投,这样才能把球投得更远。

(3)幼儿分散练习。

教师:熊宝宝们再试一试,看看哪个熊宝宝投得远。

4. 游戏"打雪仗",巩固向前投掷的动作

(1)教师设置情景,介绍游戏规则和玩法。

教师:冬天来了,外面下了很大的雪。我们一起去"打雪仗"吧!幼儿分为两队,各站一边,听到信号后,拿着纸球扔向对方的场地,最后以场地上纸球少的一方为胜。

(2)提醒幼儿不能把纸球扔在熊宝宝的脸上,和同伴之间的距离不能太近。

5. 放松活动,放松身体

✤ **温馨提示**

1. 此活动适合在空旷的场地上进行。
2. 幼儿在自由练习投掷时,教师要时刻提醒幼儿不要将纸球砸向同伴的脸。

小狗学本领

活动目标

1. 学会听信号,练习手膝着地向前爬或手膝着地倒退爬。
2. 能够手和脚自然地向指定方向爬行。

活动准备

小狗头饰、狗妈妈头饰、小鼓、响板、录音机、磁带、幼儿哑铃(替代骨头)

活动过程

1. 热身活动,舒展身体

教师:狗狗们,今天天气真好,快跟着妈妈一起做运动吧。(小脚踏步小手摆起来,伸伸胳膊弯弯腰,扭扭屁股跳一跳)

2. 练习手膝着地爬的动作

(1)示范并讲解手膝着地向前爬的动作。

教师:走到草地前蹲下,膝盖跪在草地上,手掌掌心在草地,与肩同宽,眼睛看着前方,手脚交替,朝着目标向前爬。

(2)幼儿自由练习手膝着地向前或倒退爬。

(3)练习听鼓声手膝着地向前爬及倒退爬。

教师:咚咚咚,这是什么?听到鼓声"咚咚咚",狗狗们就要往前爬。听到响板声"嗒嗒嗒"就倒退着爬。

(4)教师:我们玩累了。来打个滚,休息一下,晒晒太阳吧!

3. 游戏"狗狗找骨头",巩固手膝着地爬的动作

(1)设置情景,介绍游戏规则和玩法。

教师:狗狗们要爬过小桥和草地找骨头,找到后送回家。一只小狗一次找一根骨头,然后送回家。下一只小狗再出发。

(2)幼儿游戏2~3次,提醒幼儿遵守游戏规则。

4. 放松活动,放松身体

温馨提示

1. 此活动适合在草地上进行,如遇雨天,可以在室内软垫上进行。
2. 在爬行时,注意与同伴保持一定的距离,不与同伴磕碰。

猫捉老鼠

🌸 **活动目标**

1. 练习在地面大小不同的报纸上保持平衡站立。
2. 体验与同伴一起游戏的快乐。

🌸 **活动准备**

小花猫头饰、猫妈妈头饰、废旧报纸、磁带、录音机。

🌸 **活动过程**

1. 热身活动,舒展身体

教师:小花猫们,快和猫妈妈一起做运动吧。(上肢运动、体侧运动、下肢运动、脚腕运动、全身运动)

2. 游戏"快乐拥抱"

(1)设置情景,介绍游戏的规则和玩法。

教师:请小花猫们两人一组选择一张报纸,把报纸展开,练习两人抱在一起站在报纸上。注意哦,双脚都必须踩在报纸上。

(2)幼儿跟音乐练习2～3遍。

教师:音乐响的时候,请小花猫们跟着音乐轻轻地走;音乐一停,和你的好朋友抱着站在报纸上。

3. 游戏"猫捉老鼠"

(1)设置情景,介绍游戏规则和玩法。

教师:教师扮演猫,幼儿扮演小老鼠,音乐响起时,小老鼠根据音乐节奏的快慢自由地做动作;音乐一停,猫就捉老鼠。小老鼠赶紧跑回家,两人拥抱在一起,双脚必须站在报纸上。

(2)逐渐减少报纸数量,增加游戏难度。

教师:有些小老鼠的家被猫发现了,只好躲到好朋友的家里。请有家的小老鼠帮帮小伙伴,和它们住在一个家里。(增加到3～4人拥抱在一起,双脚必须站在报纸上)。

(3)根据幼儿人数的增多,需要再次增加游戏难度。

3. 放松活动,放松身体

(1)请幼儿收起报纸,放松手臂及身体各部位。
(2)大家一起收拾场地,回活动室。

🌸 **温馨提示**

1. 教师要选择平整空旷的草地开展游戏。
2. 教师要引导幼儿注意安全,防止推挤、摔倒的现象发生。

宝贝考"驾照"

✦ 活动目标
1. 锻炼身体的平衡性和协调能力。
2. 在活动中体验运动的快乐。

✦ 活动准备
呼啦圈、标志杆、木桩、平衡木、自制驾驶证、红绿灯指示牌。

✦ 活动过程

1. 热身活动,舒展身体

(1)教师当驾驶员,幼儿当乘客跟在后面。

(2)教师:小朋友们,现在我是驾驶员,你们都是小乘客,请上大客车,我要带你们去考驾照,下面跟着我一起出发吧!(幼儿跟随教师做动作,教师慢走、幼儿慢走;教师加速走、幼儿也加速走,最后转弯回到游戏点)

2. 游戏"考驾照"

(1)介绍游戏规则。

教师:本次考试一共有三关,三关都通过的小朋友,就可以拿到驾照了。

第一关:倒桩。

将4根标志杆摆放成一排,其中间距相同。幼儿手持呼啦圈做开车状,从起点倒着(后退)开车绕过障碍至终点。

第二关:过桥。

3个木桩将平衡木架起,增加平衡木高度,幼儿开车从平衡木上顺利通过。

第三关:上坡。

在桥的两头增加斜坡,幼儿开车上坡一过桥一下坡。

(2)教师:我们的考试马上就要开始了,考试前小朋友先练习一下吧。

(3)幼儿自由练习。

3. 考试结束,给考试合格的幼儿颁发"驾驶证"

4. 游戏"红绿灯"

教师:现在宝宝们都拿到了"驾驶证"了,你们一个个都是合格的驾驶员了,那让我们来玩一个"红绿灯"的游戏吧。小朋友们在开车的时候,如果看见交警(教师扮演)对你出示红灯,请立即停车;出示绿灯,才可以继续行驶哦。

5. 放松活动,放松身体

✦ 温馨提示
1. 此活动适合在平地上进行,活动前注意排查场地的安全隐患。
2. 幼儿在开"汽车"时,提醒幼儿注意安全,不要碰撞他人。

毛毛虫,快长大

❥ 活动目标

  1.练习自由翻滚和双脚并拢跳的动作,增强身体的灵活性。
  2.对体育活动感兴趣,喜欢参加体育活动。

❥ 活动准备

  录音机、磁带、跳袋。

❥ 活动过程

1. 热身活动,舒展身体

  带领幼儿进行热身活动。(头部运动、肩部运动、腰部运动、腿部运动、膝部运动、脚部运动)

2. 练习自由翻滚和双脚并拢跳的动作

(1)简单了解毛毛虫变蝴蝶的过程。
(2)创设情境,介绍游戏规则和玩法。
  教师:宝宝们,我们已经结茧了,现在我们需要动一动,滚一滚,冲破茧才能出来哦。
(3)带领幼儿自由翻滚,提醒幼儿不要相互碰撞。
(4)幼儿边唱儿歌,边学习双脚跳动作。
  教师:小毛毛虫们的运动力量还不够,没有成功破茧。下面我们一起站起来运动运动,让毛毛虫快些冲破茧儿变成蝴蝶吧。

  运动一:听音找人
  幼儿将跳袋打开,跳进去,并提拉袋口,根据口令,双脚并拢跳到目的地,完成任务后返回。

  运动二:过桥
  教师坐在地上,伸直双腿当小桥,幼儿双脚并拢依次从上面跳过。可适当将双腿交叠增加难度。

  运动三:过河
  教师坐在地上,伸直双腿当小河,幼儿双脚并拢依次从上面跳过,教师缓慢开合双腿以增加难度。

3. 毛毛虫变蝴蝶

  幼儿和教师一起移动,脱下跳袋,慢慢站起来。
(1)教师:小毛毛虫们终于冲破茧了,变成一只只美丽的蝴蝶。
(2)幼儿慢慢站起来,伸展身体。手脚自由向左右上下伸展,脚跟慢慢离地,使劲吸气,扇动翅膀。
  教师:毛毛虫们长大了,变成一只只美丽的蝴蝶。

4. 游戏"捕蝴蝶"

教师扮演捕蝴蝶的人,幼儿扮演小蝴蝶。捕蝴蝶的人在音乐伴奏下捕捉蝴蝶,小蝴蝶则四处躲闪。被捕捉到的小蝴蝶下场休息,当拉拉队员为场上的同伴们加油。音乐结束后,仍然没被抓到的小蝴蝶,可成为"蝴蝶小明星"。

5. 放松身体,舒展身体

(1)放松活动,幼儿站立,双手自上而下伸直并做深呼吸,然后坐场地上休息。

(2)收拾场地,回教室。

温馨提示

活动可在草地上或软垫上进行。

中班体育活动设计

中班幼儿体育活动设计的目标主要包括:
※进一步练习交叉步走、听口令跑、跳、平衡、钻、攀爬等基本动作。
※掌握立定跳远、原地蹲地起跳触物、助跑跨跳的动作要领。
※练习单手肩上投远动作、肩上挥臂投物动作。
※能通过听信号利用身体各部位停球,双手交替拍球。
※大胆在平衡木上活动,掌握原地旋转、闭目站立等动作。

小兔运水果

❀ 活动目标

1. 锻炼身体协调性、灵活性,保持身体平衡。
2. 练习交叉步前进,掌握交叉步走的动作要领。

❀ 活动准备

水果卡片、水果篮、大灰狼头饰、录音机、磁带。

❀ 活动过程

1. 热身活动,舒展身体

跟随音乐做准备活动操。

(1)模仿高人走:在地上画上圈,幼儿站在圈里,在音乐声中听教师的信号,练习踮起脚尖走。

(2)模仿矮人走:在地上画上圈,幼儿站在圈里,在音乐声中听教师的信号,练习蹲下身子走。

(3)模仿小动物走:幼儿根据音乐声模仿各种小动物走,如笨重的大象、摇摇晃晃的企鹅、翩翩起舞的蝴蝶等。

2. 练习交叉步前进,掌握动作要领

(1)教师在地上画上若干条直线。

教师:小朋友们,你们见过模特走台步吗?谁来试一试?

(2)请个别幼儿示范,其他幼儿观察并讨论怎样才能走得稳。

(3)教师示范交叉走,并讲解动作要领。

教师:右脚向前踏左方,左脚向前踏右方,两臂张开慢慢走。

(4)幼儿分组练习:幼儿排成一列纵队,一个跟一个在直线上练习交叉步前进。起初慢慢前进,熟练之后可适当加快步伐。

3. 游戏"运水果",幼儿巩固交叉走的动作

(1)设置情境,介绍游戏规则和玩法。

教师:幼儿排成若干列纵队,站在直线后面,每人手中拿一种水果(用水果卡片代替)。听教师信号,沿着直线一个跟着一个以交叉步慢慢前进,运送水果到果园。请一名幼儿扮演大灰狼,当老师说"狼来了",所有幼儿要立即停下来并且做一个定格的动作造型。"大灰狼"仔细观察幼儿是否动了,如果移动了就会将他捉去,同时将运送的水果吃掉。被捉走的小朋友要停止游戏一次。然后,教师会再次发出信号"大灰狼睡着了",其他幼儿继续以交叉步前进,到达终点时,把手中的水果放进果园的篮子里。完成任务的幼儿跑步回去,再重复进行游戏。

(2)幼儿进行游戏活动,教师提醒幼儿要遵守游戏规则。

4. 放松活动,放松身体

温馨提示

1. 此活动适合在平地上进行。

2. 提醒幼儿练习交叉步走的时候,注意不要碰到别的幼儿。

我是小司机

活动目标

1. 练习倒退走,锻炼动作的协调性和灵敏性。
2. 通过游戏,懂得要遵守的交通规则。

活动准备

呼啦圈、红绿灯指示牌、磁带、录音机。

活动过程

1. 热身活动,舒展身体

小朋友们手握方向盘(用呼啦圈代替),做开车状,在教师带领下排成一列纵队,模仿开汽车进入场地内,做圈圈操。作上肢运动、体侧运动、下肢运动、脚腕运动及全身运动。

2. 游戏"灵活的小汽车",练习倒退走

(1)设置情境,介绍游戏规则和玩法。

教师:今天,老师要和小朋友们玩一个游戏,游戏名字叫"灵活的小汽车"。小朋友们当司机,老师扮交警,听好交警的口令:"倒车""向前开""停车"。开汽车的时候要注意安全!

(2)教师喊口令,幼儿做游戏。

(3)教师点评游戏的情况,请倒车比较好的幼儿做示范,并对遵守规则的幼儿给予表扬。

3. 游戏"我是小司机"

(1)介绍游戏规则和玩法。

教师:小司机们要仔细看。当我出示红灯牌时,小司机们就要停车;当我出示绿灯牌时,小司机们可以自由分散地开车;当我的两只手掌心向外时,小司机们就倒退开车;当我的两只手掌心向内时,小司机们要向前开车。大家都要遵守规则开车,有不遵守规则开车的,交警会将他的车扣下。

(2)幼儿进行游戏两次。

4. 放松活动,放松身体

温馨提示

1. 此活动适合在户外进行。
2. 幼儿在玩呼啦圈时,教师应提醒幼儿注意安全,不能将呼啦圈套到其他幼儿的脖子上。
3. 幼儿倒车时,提醒幼儿要回头看一看,以免发生碰撞。

快乐变变变

🌿 **活动目标**

1. 学习听信号利用身体的不同部位停球(膝、头、脚),提高应变及反应能力。
2. 学习用脚内侧进行运球。

🌿 **活动准备**

口哨、标志杆、足球、磁带、录音机。

🌿 **活动过程**

1. 热身活动,舒展身体

组织幼儿自由站立,然后,听音乐跟着教师一起做足球韵律操。(头部运动、上肢运动、腰部运动、腿部运动、膝部运动、全身运动)

2. 游戏"听音换脚",练习听信号变化脚步踩球

(1)练习用脚踩球。

教师:小朋友们,你们先运球慢慢走,当听到信号后用脚踩球。现在你们自己去试一试吧。

(2)请一位幼儿上前示范,教师讲解。

(3)游戏"听音换脚"。

听到教师吹哨一次,幼儿换脚一次。(根据幼儿的情况,可适当加快吹哨速度)

3. 学习用脚内侧部位进行运球

(1)教师:小朋友们,看见前面的标志杆了吗?你们要把自己的球用脚运到前面,绕过标志杆再运回来。但是,我们要用自己脚的内侧运球,现在开始练习吧!

(2)幼儿尝试用脚内侧运球。

4. 游戏"停球变变变"

(1)介绍游戏规则和玩法。

教师:你们先用脚内侧运球,当听到哨响后,老师给出一个身体部位,你们迅速用此身体部位将球停住。看谁的速度快。最后停下来的幼儿到旁边休息。

(2)幼儿进行游戏3～4次。

(3)教师小结游戏情况。

5. 放松活动,放松身体

🌿 **温馨提示**

1. 在活动中,提醒幼儿用脚内侧运球的时候要注视前方,不要只顾低头看球,以免发生碰撞,遇到人时要及时更改行球方向。
2. 在幼儿熟悉运球的基础上,教师可适当增加游戏难度。

快乐地跑

✦ **活动目标**

1. 练习快速地跑动。
2. 能认真听口令,并灵活地做出反应。

✦ **活动准备**

录音机、磁带。

✦ **活动过程**

1. 热身活动,舒展身体

(1)幼儿听口令变换队形。

教师:小朋友们,请排成两队集合,看谁的动作又快又好。再将两队变四队。

(2)幼儿排成四列纵队与老师一起做准备活动。

教师:让我们伸伸胳膊、压压腿、抖抖肩膀、活动活动脚腕。

2. 练习跑的基本动作

(1)学习跑的正确姿势。

教师:小朋友们,听口令,从起点跑到终点,看谁最先跑到终点。

(2)探索如何跑得快的方法。

教师:为什么有的小朋友跑得快? 有的跑得慢? 怎样做可以让自己跑得快呢?(根据孩子的回答做出相应的反应,练习摆臂、跨步)

(3)教师小结:原来让自己跑得快的秘诀是双眼注视前方,听口令快速地起跑,手臂有节奏地摆动,步子大一点。让我们再跑一跑,看看是不是比上次跑得快。

(4)幼儿再次练习跑的动作。

3. 练习听口令跑

(1)布置3块场地,在每块场地中标记起点、终点。

(2)教师发出数字指令,幼儿开始跑。

教师:当老师发出"1——2——3"的口令,小朋友们就跑出去。

(3)教师击掌发指令,幼儿开始跑。

教师:当你们听到老师的击掌声音才跑,明白了吗?

(4)听音变换场地跑。

教师:场地上有3个圆,它们分别表示1号场地、2号场地、3号场地。当我说出"1"的时候,你们就跑到1号场地,明白了吗?(教师可通过用手指数、用口型表示区域进行变换。)

(5)教师小结:小朋友们学会了用耳朵仔细听、用眼睛仔细看来接收老师的口令,然后快速地跑,真棒!

4. 跑步比赛

(1)幼儿分成4组进行接力比赛。

(2)提醒幼儿在跑的时候注意安全,不要用力过猛,撞到他人。

5. 放松活动,放松身体

温馨提示

1.教师还可以利用更多的方式来训练幼儿跑步,如变换口令、用一个动作作为提示等。

2.提醒幼儿跑步时,不要东张西望。

我和影子做朋友

🌿活动目标

1. 知道物体在阳光下都会产生影子。
2. 能在一定范围内四散追逐跑,锻炼动作的灵敏性。
3. 能观察同伴的位置并在运动中调节自己的身体,进行追逐和躲闪。

🌿活动准备

录音机、磁带。

🌿活动过程

1. 热身运动,舒展身体

(1)教师组织幼儿站成4列纵队,走成一个圈。

教师:小朋友们,我们先站成4队,再一队接一队地走,走成一个圈。

(2)在圈上做绕圈跑、压腿、高抬腿、双手上举、扩胸等运动。

教师:我们在圈里进行热身活动吧。

2. 自由探索影子的造型

(1)让幼儿在阳光下寻找自己的影子,并摆出不同的造型。

教师:我们找一找影子,看看能摆出什么样的造型。

(2)幼儿和同伴一起探索,组合影子的造型。

教师:可以和同伴一起试试,两人或三人一起摆个造型。

(3)请幼儿和同伴一起展示影子造型,并大胆表述。

3. 游戏"我和影子做朋友",进行四散追逐跑的练习

(1)幼儿两两合作在空地上追逐对方的影子,一个踩、一个躲,踩到影子后互换角色再玩。

(2)幼儿相互讨论:如何踩到别人的影子,自己的影子不被别人踩到。

(3)教师总结:玩游戏时,要注意观察别人的动作,不要盲目乱跑。

(4)再次进行游戏,提醒幼儿要注意躲闪。

(5)幼儿集体进行游戏,一人(或同时二至三人)踩,其他幼儿躲,被踩到影子后,再互换角色。

4. 放松活动,放松身体

🌿温馨提示

1. 幼儿练习躲闪跑需要在空旷的场地上进行。
2. 此活动适合在户外,并应选择在晴天进行。

快乐连连跳

◆ 活动目标

1. 练习20厘米和30厘米的助跑跨跳动作。
2. 锻炼腿部力量,提高弹跳能力,增强动作协调性。

◆ 活动准备

橡皮筋、小椅子、高矮不同的塑料凳子、磁带、录音机。

◆ 活动过程

1. 热身活动,舒展身体

带领幼儿一起做热身操。(头部运动、扩胸运动、体转运动、下蹲运动、跳跃运动)

2. 设置障碍游戏,练习原地双脚向上跳的动作

(1)学会用各种物品组成障碍物。

教师:场地上有很多障碍物(高矮不同的塑料凳、粗细不同的绳子、积木等),大家想一想怎样用它们来锻炼身体?

(2)幼儿运用场地上的各种器具,自由进行跳跃练习。

(3)讲解跳跃动作要领,提醒幼儿要注意安全、互相配合。

教师:起跳时两腿要快速用力,充分蹬伸,两臂自然垂于体侧或手臂向后摆,落地时屈膝缓冲。

(4)教师把幼儿集中起来,交流与学习锻炼方法。

3. 示范讲解20厘米助跑跨跳动作

(1)教师:两手半握空拳,曲肘于身体两侧。当距障碍物5～8步时,跑到障碍物前,一只脚用力蹬地,另一条腿跨跳过障碍物,单脚落地,保持平衡。

(2)请个别幼儿进行模仿,教师进行动作指导。

4. 分组竞赛活动,练习助跑跨跳的动作

(1)分组进行:连续进行3个25厘米高度的助跑跨跳橡皮筋练习。

(2)分组进行:连续进行3个不同高度(20厘米、25厘米、30厘米)的助跑跨跳练习。

5. 放松活动,放松身体

◆ 温馨提示

1. 此活动适合在平地上进行。
2. 当幼儿进行助跑跨跳练习时,教师要提醒幼儿注意安全。

趣味玩沙包

◆活动目标

1. 练习肩上挥臂投物,掌握肩投的动作要领,并尝试探索投得更远的方法。
2. 练习双腿夹物跳的动作。

◆活动准备

带有绳子的沙包、筐篮(分别标好红、绿颜色标记)、磁带、录音机。

◆活动过程

1. 热身活动,舒展身体

(1)教师把幼儿排成两纵队,然后小跑进入操场,绕场地变速跑2~3圈进行热身。

(2)幼儿排成早操队形站在场地中,在音乐声中跟随教师做头颈、双臂、腰腹等部位的准备活动操。

2. 探索用沙包锻炼身体的方法

(1)教师:小朋友们,你知道怎样用沙包来锻炼我们的身体吗?

(2)幼儿分散在场地中自由玩沙包,教师提醒幼儿注意安全。

(3)师幼共同交流用沙包锻炼身体的方法。

①请一位幼儿给大家展示用沙包锻炼头颈、腰腹、手臂、下肢的各种方法。

②教师小结:小朋友想到了多种方法,有用沙包投掷物体的,有踢沙包、背沙包、顶沙包、抛接沙包的,等等。沙包可以锻炼我们的身体,真是个有用的小帮手。

3. 练习投掷沙包,掌握投掷的动作要领

(1)示范讲解沙包投远的方法。

教师:两脚分开侧身站立,右手拿沙包,肩上挥臂投掷,看准前方,尽量把沙包向远处投。

①请个别动作规范的幼儿进行模仿练习,教师对重点动作进行讲解。

②幼儿分组进行沙包投掷练习。

(2)带领幼儿学习投准动作并练习。

①教师做示范,将手中的沙包投入距离为3米的筐内。

②请个别幼儿进行模仿练习,教师对重点动作进行提示。

③幼儿分组进行投掷练习,将沙包投入3米、4米、5米距离远处的筐内。

4. 游戏"抢沙包"

(1)将幼儿分成红色、绿色两组。

(2)介绍游戏名称,讲解游戏规则。

教师:你们腋下夹着与本组颜色相应的沙包,去抢另一组不同颜色的沙包,同时保护好自己的沙包,不推拉、不碰别人的身体,抢到沙包后投掷到自己组的筐里。

(3)集中两队幼儿,统计各组筐里的沙包,数量多的组为胜方。

5. 放松活动,放松身体

温馨提示

1. 在做"抢沙包"这个游戏时,提醒幼儿注意躲闪,避免与其他同伴碰撞。
2. 在练习不同距离投掷沙包时,教师可根据幼儿实际能力适时调整投掷的距离。

好玩的塑料袋

🎵 活动目标

1. 探索塑料袋的不同玩法，尝试抛高和投远的动作。
2. 鼓励幼儿大胆想象玩塑料袋的方法。

🎵 活动准备

塑料袋、录音机、磁带。

🎵 活动过程

1. 热身活动，舒展身体

(1)教师：今天，让我们一起跟着音乐，利用塑料袋来活动一下身体吧！

(2)带领幼儿站成四列纵队，将塑料袋折叠，幼儿利用塑料袋跟着音乐进行绕障碍的走、跑、爬、跨跳等动作。

2. 探索塑料袋的不同玩法

(1)教师：刚才我们一起用塑料袋做操了，那么塑料袋还可以怎么玩呢？

(2)幼儿自由玩塑料袋，教师观察并找出抛得高的小朋友。

(3)请幼儿介绍自己的玩法。

3. 尝试将塑料袋抛高，练习抛高的动作要领

(1)幼儿讨论：怎样才能将塑料袋抛得更高？

(2)推选一名幼儿与老师比赛抛高。

教师：为什么老师抛得比他高呢？你能试一试吗？

(3)教师小结：将塑料袋折叠打结后就可以抛得更高了。

4. 尝试将塑料袋投远，练习用塑料袋投远的动作

(1)教师：塑料袋除了可以往上抛，还可以怎样玩？

(2)请幼儿站成一排将塑料袋向远处投，教师在一旁指导。

(3)请投得远的幼儿示范投远动作。

(4)师生共同讨论：为什么他投得远呢？引导幼儿观察他的动作、姿态。

(5)教师小结：将塑料袋折叠打结后进行转体，挥动大臂带动小臂，可以将塑料袋扔得更远。

(6)幼儿模仿练习，分组进行投远比赛，给优胜者小贴花作为奖励。

5. 放松活动，放松身体

🎵 温馨提示

1. 此活动适合在空地或草地上进行。
2. 提醒幼儿在玩塑料袋时，注意与同伴保持距离，以免发生碰撞。

小小挑战者

※ **活动目标**

1. 学习攀爬动作的基本要领,掌握手脚协调一致攀爬的要领。
2. 能手脚协调攀爬3米高度的攀爬架,增强四肢力量。

※ **活动准备**

体操垫、攀爬网架。

※ **活动过程**

1. 热身活动,舒展身体

教师带领幼儿跟着音乐做运动,活动全身关节。(腕、踝关节运动,指、趾关节运动,腰腹运动)

2. 练习各种爬的动作

教师:什么动物会爬?学一学你喜欢的小动物是怎么爬的,看看谁学得像。

(1)幼儿在草地上进行模仿练习。

(2)教师观察并指导,提醒幼儿注意安全。

3. 集中交流,互学各种爬的动作

(1)请几名幼儿给大家展示不同的爬行动作。

(2)教师:手脚着地爬,像小乌龟;手膝着地爬,像小猴子。

(3)在教师指导下,全体幼儿进行动物爬行的动作模仿及练习。

(4)教师小结:无论是手脚着地爬,还是手膝着地爬、四肢着地爬,都需注意爬行时手膝配合,动作协调。

4. 学习攀爬的基本动作

(1)教师示范攀爬这一动作,并讲解动作要领。

教师:左手与右脚、右手与左脚互相配合交替攀爬。

(2)幼儿站立进行左手与右脚、右手与左脚配合动作练习。

5. 分组进行比赛,巩固攀爬的动作要领

(1)分组进行攀爬网架的练习。

教师:小朋友们双手要抓紧攀登网绳,双脚交替向前攀爬。注意双手与双脚的配合,防止滑落。

(2)分组进行"爬垫—爬攀登架"的竞赛。

6. 放松活动,放松身体

教师带领幼儿随着音乐进行各部位的肢体放松,重点拍打手臂和腿部。

※ **温馨提示**

1. 活动前注意检查操场,排查有无尖锐的物品。
2. 在进行攀爬练习时,注意用手抓牢攀登架,以免跌落下来。

勇敢的消防员

活动目标

1. 学习在立体面上进行攀登爬网的正确方法。
2. 通过练习,增强背部肌肉、腹肌和四肢肌肉的力量以及动作的灵活性。

活动准备

攀爬网、海绵垫、录音机、磁带。

活动过程

1. 热身活动,舒展身体

(1)教师:小朋友们,今天我们一起来做消防员。让我们先一起来锻炼锻炼身体吧!
(2)带领幼儿进行热身活动。(上肢运动、体侧运动、下肢运动、脚踝运动、全身运动)

2. 练习消防员的本领,学习攀爬

(1)教师:小朋友们,消防员叔叔的本领真大。让我们一起来学学他们的本领吧。
(2)幼儿在操场上自由模仿消防员灭火、救人等动作。
(3)教师示范动作,并讲解动作要领。

教师:小朋友们,我们在攀爬时要注意手脚的协调配合,在双手交替向前移动位置的同时,双脚交替攀爬。

(4)幼儿自由练习攀登架,教师巡回指导,提醒幼儿注意避让他人。

3. 游戏"勇敢的消防员",练习攀爬动作

(1)设置情景,介绍游戏的玩法及规则。

教师:刚才,队长接到一个报警电话,说有一处房子着火了,需要我们赶到那里,把火扑灭,并救出房子里的小动物。

(2)听教师的口令,幼儿一个接着一个从起点出发,赶去救火。
(3)进行2~3次游戏。

4. 放松活动,放松身体

教师:你们勇敢地完成了灭火的任务,你们真勇敢!现在一起来做做放松运动吧,让我们一起来甩一甩小手、动一动小脚、捶捶肩膀吧。

温馨提示

1. 此活动适合在塑胶地面或草地上进行。
2. 幼儿在进行攀登架练习时,教师要用手抓牢攀登架,以免幼儿跌落。

小熊盖房子

🌸 **活动目标**

1. 能根据自己的能力选择相应的平衡木进行活动。
2. 大胆尝试各种平衡器械,学习持物走平衡木。

🌸 **活动准备**

熊妈妈头饰、熊宝宝头饰、平衡木、大块积木、拱门、大泡沫垫子。

🌸 **活动过程**

1. 热身活动,舒展身体

教师:熊宝宝们,我们一起来模仿动物做操吧。(走走、跑跑、跳跳等)

2. 熟悉器材,探索玩法

(1)教师:熊妈妈今天带你们去河对岸盖房子。可是路上会经过一条小河,小熊们不会游泳,我们该怎么过河呢?

(2)幼儿自由结伴,共同探索搭桥的方法。

(3)带领幼儿将场边的各种平衡木搬到场地中间搭成各种桥。

(4)幼儿选自己喜欢的小桥去走走玩玩,教师在一旁观察指导(鼓励幼儿找人少的小桥走,不要碰撞同伴)。

(5)幼儿讲述自己过小桥的方法。

教师:熊宝宝们,你们都走了哪些桥?用了哪些方法呢?怎样过小桥又稳又安全呢?

(6)请一位幼儿演示自己的好方法。

3. 学习持物过桥,掌握动作要领

(1)讲解持物走独木桥的方法。

教师:小熊宝宝们,一会儿你们过桥时,每个人都要搬上一块砖(大块积木代替)哦!这样我们才能盖一座大房子。熊妈妈要看谁能勇敢地持物走过独木桥。

(2)幼儿搬砖并选择适合自己的独木桥过河。

(3)教师观察指导,并引导幼儿总结持物过桥的动作要领。

教师:在过桥的时候,眼睛要盯着前面看,步子要慢一点,注意保持行走时身体的平衡。

(4)请幼儿演示自己的过桥方法。

4. 游戏"小熊盖房子",练习持物走平衡木

(1)设置情景,介绍游戏玩法。

教师:我们的小熊们太能干了,搬了许多砖到河的对岸。但是还不够,我们一起再搬点,盖一座大房子,好吗?这次不光会遇到小河,还会有山洞(用拱门代替)和草地(用垫子代替)。小熊们要小心啊!

(2)幼儿听信号在教师的后面依次钻山洞、爬草地、过小桥。推选4名幼儿盖房子。其他幼儿循环做游戏,直至将砖运完。

5. 放松活动,放松身体

温馨提示

1. 教师在活动前注意检查操场,排查有无尖锐的物品。
2. 在盖房子的过程中,启发幼儿积极思考,培养幼儿创造能力。

快乐转转转

活动目标

1. 练习不同速度转圈,锻炼身体的平衡性及协调性。
2. 探索在快速转圈后,保持身体平衡头不晕的方法。

活动准备

录音机、磁带。

活动过程

1. 热身活动,舒展身体

(1)教师:小朋友们,你们都见过不倒翁吧!今天,我们就来当一次不倒翁。准备好,不倒翁开始做运动啦!

(2)听音乐活动身体:伸伸胳膊、伸伸腿、弯弯腰等。

(3)单脚站立数数,比比谁站得时间长,灵活地交换左右脚。

2. 探索学习转圈的方法

(1)带领幼儿慢速转圈。

教师:转转转,转转圈,你们停下来的时候一定要记得保持全身平衡哦,这样才不会摔倒。

(2)幼儿自由练习一个人转圈。

(3)两个或是多个幼儿合作转圈。

教师:你能找到好朋友和你一起转圈吗?现在,让我们一起边唱歌边去找好朋友吧。

教师:找呀找呀找朋友,找到一个好朋友,敬个礼,握握手,我们一起转一转。当听到转一转时,和好朋友拉手转一圈。

3. 逐步加快转圈速度,并保持身体平衡

(1)教师:刚才我们小朋友都是在慢速转圈。你们还能加快速度转圈吗?

(2)幼儿练习快速转圈。

(3)教师:这次停下来有什么感觉,会头晕吗?

4. 幼儿探索快速转圈后,保持平衡不头晕的方法

(1)教师:有什么办法能让你快速转圈后头不晕吗?

(2)幼儿自由发言,探索快速转圈后头不晕的方法。

(3)教师小结:停下来时将手侧平举;停下来时摇摆身体,眼睛看着一个地方;停下来时蹲下、反转;由快到慢,慢慢停下来等。

5. 游戏"不倒翁变泡泡",感受和同伴一起进行游戏的快乐

(1)讲解游戏规则和玩法。

教师:小朋友们,我们一起来玩"不倒翁变泡泡"的游戏。我来念一首儿歌,儿歌里面的

"泡泡"代表着幼儿转圈圈。几个泡泡就代表几个幼儿一起转圈圈,你们需要听老师口令自由选择同伴来转圈,多出来的幼儿可在旁边观看。

(2)教师:转转转,转转转,幼儿变泡泡,慢速自转一圈。两个泡泡手拉手。三个泡泡手拉手。四个泡泡手拉手。泡泡转呀转呀转。泡泡飞高了。嘣——啪,泡泡不见了。

(3)游戏2~3遍。

6.放松身体,放松身体

温馨提示

1.此活动适合在空地或草地上进行。

2.提醒幼儿根据自己身体的状况把握转圈的速度。

荷叶上的小青蛙

活动目标

1. 掌握双脚并拢向前跳的动作要领,锻炼腿部肌肉的力量。
2. 落地时保持身体平衡。

活动准备

青蛙头饰、平衡板、垫子、录音机、磁带。

活动过程

1. 热身活动,舒展身体

教师:今天天气真热呀,小青蛙要跟妈妈一起去池塘游泳了。让我们先做一下准备运动。(踢腿运动、伸展运动、全身运动)

2. 练习双手平举在平衡板上走路

(1)教师:小青蛙,你们看,池塘里有那么多荷叶(平衡板代替)。你们游泳时需要快速地从荷叶上走过,你们想不想试试?

(2)教师示范走荷叶。

教师:小青蛙,你们看,荷叶长高了。你们在荷叶上行走时,一定要把双手打开才能平稳通过哦!

(3)幼儿游戏,教师指导。

(4)增加游戏难度,由单层平衡板变为双层平衡板或多层平衡板。

3. 游戏"踏荷叶比赛",练习双脚并拢向前跳的动作

(1)介绍游戏玩法。

教师:幼儿分成两组,先从荷叶上快速走过,再两脚并拢,摆动两臂从跳垫上跳过,然后走过平衡板,跑回起点。最先回到起点的一组获胜。

(2)幼儿开始游戏。

4. 放松活动,放松身体

(1)教师:小青蛙们今天练习得很辛苦,也很开心。现在请你们每人拿一片荷叶,把它顶在头上散散步。

(2)教师带领小朋友们离开场地回教室。

温馨提示

1. 此活动适合在户外进行。
2. 幼儿具有初步的保持平衡的经验。

大班体育活动设计

大班幼儿体育活动设计的目标主要包括：

※熟练掌握跑、跳、平衡、钻、爬等基本动作要领。

※听信号变速跑或躲闪跑，掌握多种跑步方法，如持物跑、后退跑、往返跑，绕复杂障碍走、跑交替300米左右等。

※熟练掌握跳跃动作要领，练习侧跳和向不同方向变换跳等多种跳跃形式。学习跳短绳。

※熟练掌握侧钻、曲身钻、肘膝着地爬等高难度动作要领。

※熟练掌握走平衡木，平稳地走过较窄、较高、较长的平衡木。

徒步登山

活动目标

1. 锻炼腿部肌肉的力量。
2. 体验和同伴、老师共同出游的快乐,能克服路途中遇到的困难,凭借坚强的意志登上山顶。
3. 结合自己的生活经验,与同伴共同制订远足计划。

活动准备

饮用水、零食、活动行程安排表、绘画工具等。

活动过程

1. 师幼共同讨论远足活动计划,知道爬山时应克服困难,坚持爬到山顶

(1)教师:春天来了,我们一起出去寻找春天好吗?
(2)教师:我们已经把远足的时间、游览的内容做了安排,除了这些,我们还应该做些什么计划呢?
(3)教师:你认为我们的旅行包里应该带点什么东西呢?我们去远足是一次集体活动,那么你认为我们应该遵守些什么规则呢?
(4)讨论:爬山的时候,感觉累了怎么办?

2. 远足活动,教师交代活动规则和注意事项

(1)在××山脚下组织集合,强调有关注意事项。
①教师:跟随老师和同伴,不离队,不掉队,注意安全。
②登山前,师幼共同做热身操。
③登山时提醒幼儿在特别累的时候调整登山的步伐,调整自己的呼吸。
④沿途欣赏春天的变化,到达山顶后可以用自己的方式记录下来(拍照、画画等)。
(2)组织幼儿沿盘山公路走下山。在爬山的过程中,要照顾体力弱的孩子。

3. 活动结束,展示幼儿的摄影作品和绘画作品

请幼儿介绍自己参与远足活动的感受。

温馨提示

1. 集体行动,教师应携带手机,以方便和幼儿联系;考虑到徒步活动需一定的体力,身体不适的幼儿可提前向教师请假。教师在活动中时刻注意幼儿的安全。
2. 徒步时,教师可根据幼儿的体力情况,让他们适当地进行休息和调整。

趣味运球

⬥ 活动目标

1. 探索球的多种玩法。
2. 练习两人方向一致地夹球侧身前进。
3. 体验与同伴合作的快乐。

⬥ 活动准备

皮球、磁带、录音机。

⬥ 活动过程

1. 热身运动,舒展身体

(1)幼儿每人一个小皮球,带领幼儿随着音乐入场。

(2)带领幼儿一起做皮球操。(上肢运动、下肢运动、膝关节运动、踝关节运动)

2. 自由玩球,探索球的多种玩法

(1)教师:我们要用手中的球来锻炼身体,看谁想的玩法多、玩法好。

(2)幼儿自由玩球,教师巡回指导,并观察幼儿玩球的方法。

(3)请个别幼儿展示玩球的方法,其他幼儿自由模仿。

3. 探索两人合作运球的方法,体验集体合作的快乐

(1)幼儿尝试两人合作运球。

(2)师幼共同讨论合作运球的方法。

教师:两个好朋友手拉手,两腿同时用力夹着球,同时迈步,同时止步,齐心合力、相互配合,球就不会掉下,还能走得快。

(3)请幼儿两两合作练习,教师给予指导。

4. 游戏"运球忙",练习双人运球

(1)在场地中间画两条直线(起点线和终点线)。

(2)介绍游戏玩法和规则。

(3)教师:幼儿分成四队,从起点开始双人夹球走,将球运到终点后,两人再快速跑回来。下一组幼儿击掌后,第二组幼儿才可以开始运球。如此反复,最快完成的一队为获胜队,途中若皮球掉下来,则应返回原位继续前进。

(4)幼儿进行游戏2~3次,教师随时提醒幼儿注意规则和玩法。

(5)教师小结游戏情况。

5. 放松活动,放松身体

教师和幼儿将球放在手、肩、膝、脚、腿等部位,轻轻敲打。

⬥ 温馨提示

1. 教师提醒幼儿运球走,不能步伐过大。
2. 对于个别协调性较弱的幼儿,教师需要个别辅导。

快乐的小螃蟹

◆活动目标

1. 练习侧步走,提高身体动作灵活性。
2. 学会与同伴合作,体会活动的乐趣。

◆活动准备

手环、积木、长绳、篮子、磁带、录音机。

◆活动过程

1. 热身活动,舒展身体

(1)带领小朋友们慢跑进入场地,并集体进行左右步练习。向左侧跨一步或向右侧跨一步走,反复练习,提醒幼儿在练习中保持好队形。

2. 练习侧步走,提高身体动作的灵活性

(1)教师:刚才我们这样侧着走,像什么小动物呢?小螃蟹是怎么走路的呢?

(2)带领幼儿一边念儿歌,一边进行练习。一只螃蟹八条腿,还有一对大钳子,横着走啊横着走,走呀走呀过了河。

(3)幼儿练习侧步走比赛。

①在场地中间画两条直线(起点线和终点线)。

②介绍比赛规则。

教师:幼儿分成四组,每两组幼儿面面相对,进行往返接力比赛。排头的每个小朋友手臂上套有手环,两个小朋友面对面,手牵着手。游戏开始,听到口令后,快速侧步走至终点,再以相同的动作返回,把手环套到下一个朋友的手臂上,如此反复,直至结束,最快的一组为胜方。

③幼儿反复练习2~3次。

3. 游戏"螃蟹搬家"

(1)介绍游戏玩法与规则。

教师:幼儿分成四组,比赛开始时,小螃蟹的一对大钳子夹住两块积木,沿着地面上放置的四根长绳,侧身向前走,开始搬家。到达终点,把积木放进篮子中,再以相同的方法返回起点时,第二对小朋友出发,如此反复,最快的一组为胜方。

(2)幼儿进行游戏2~3次。

4. 放松活动,放松身体

(1)带领幼儿随音乐做放松互动活动(踢腿、转头、扭腰)。

(2)师生共同收拾场地上的玩具。

◆温馨提示

1. 幼儿学习侧步走,提醒幼儿在人多的地方速度不要太快。
2. 在玩游戏时,提醒幼儿注意与同伴合作。

冲过封锁线

◆活动目标

1. 运用正确的跑步姿势,练习快速跑。
2. 尝试用多种方法将一张报纸贴在胸口不掉下来。
3. 体验团体协作的乐趣,有初步的竞赛意识。

◆活动准备

报纸、录音机、磁带、障碍物。

◆活动过程

1. 热身活动,舒展身体

(1)带领幼儿进行热身活动。(头部运动、上肢运动、下肢运动、双脚运动)

2. 带领幼儿探索让报纸贴在胸口不掉的方法,并练习快跑

(1)出示报纸,让幼儿思考并尝试让报纸贴在胸口前不掉下来的方法。

(2)幼儿自由分散练习,教师观察并指导幼儿。

(3)请个别幼儿介绍自己的方法,并请全班幼儿一起练习。

(4)教师小结:跑得越快,纸贴得越紧,越不容易掉。

(5)幼儿再次自由尝试。

3. 游戏"冲过封锁线",进一步练习快速跑

(1)在场地中间画出起点线和终点线。

(2)介绍游戏玩法与规则。

教师:幼儿分成四组,每组开头的幼儿将报纸贴在胸前,快速地绕过地上的障碍物,冲过终点就完成任务。最先完成任务的一组获胜。游戏中尽量不要让报纸掉下来,如果掉下,需捡起贴好后,再次开始。

(3)幼儿分组进行游戏2~3次,教师提醒幼儿注意安全,用正确的姿势跑步。

4. 放松活动,放松身体

幼儿上下活动双臂做飞状,轻捶自己的肩膀,使自己放松。

◆温馨提示

1. 根据幼儿活动情况,最后的障碍跑也可改为直线跑。
2. 若无报纸也可用塑料袋替代。

开心接力赛

🔖 **活动目标**

1. 学习交接棒的使用方法。
2. 练习接力跑,训练快速跑的能力。
3. 遵守比赛规则,培养自我控制的能力。

🔖 **活动准备**

接力棒

🔖 **活动过程**

1. 热身活动,舒展身体

(1)带领幼儿一边进行走跑交替,一边变换队形。

(2)带领幼儿进行热身活动。(上肢运动、下蹲运动、体侧运动、体转运动、跳跃运动)

2. 带领幼儿认识接力棒,了解接力跑的方法

(1)认识接力棒,学习如何传棒。

教师:小朋友们看看这是什么?(接力棒)它是做什么用的?

(2)请两名幼儿做示范,并给幼儿讲解接力赛的使用方法。

(3)教师小结:在跑步时,一个小朋友拿着接力棒的一端,传棒给前面小朋友,前面小朋友抓住接力棒的另一端继续往前跑,再传给下一位小朋友。

(4)幼儿练习接棒、交棒。

教师将幼儿分成 4 人一组,站成一列纵队,其中每两个人约隔 2 米,从每组的最后一个小朋友开始传棒,练习接棒、交棒。等接力棒传到最前面一个小朋友的时候,最前面的那个小朋友要迅速跑到纵队的最后,使传棒练习继续进行。

3. 在跑道上练习接力跑

(1)在场地上画上起点线和终点线。

(2)介绍游戏规则和玩法。

教师:刚才我们已经学会了传棒和交棒,现在我们要在跑道上练习接力跑。下一位小朋友需等拿到上一位小朋友的接力棒后再跑。

(3)幼儿练习,教师提醒幼儿正确接棒的方法。

4. 游戏"接力跑",巩固接力赛规则,感受团体合作的快乐

(1)介绍游戏规则和玩法。

教师:请每个选手在自己的位置上站好,听好发令。当哨声响起时,第一棒选手需立即迅速起跑,每队最后一个选手需冲过终点线,最先冲过终点线的一队获胜。如果中途掉棒,那么这一队就要回起点重新跑。

(2)幼儿开始进行比赛 2~3 次,教师及时评价幼儿在游戏中的表现。

5. 放松活动,放松身体

教师:小朋友们,我们一起拍拍手、摆摆头、扭扭腰、甩甩手臂好吗?一二拍拍肩、三四拍拍腿、五六甩甩手、七八扭扭腰。

温馨提示

1. 这种活动尽量在有跑道的场地上进行。
2. 交接棒可用纸筒、报纸棍等较轻、较柔软的物品替代,避免幼儿受伤。

小鸡捉虫

✿活动目标

1. 初步掌握跨跳的方法。
2. 提高身体的协调能力和环境适应能力。

✿活动准备

老鹰头饰、鸡妈妈头饰、小鸡头饰、皮筋制作的栅栏、半圆拱形器械、雪花插片、长板凳、录音机、磁带。

✿活动过程

1. 热身活动，舒展身体

老师扮演鸡妈妈，幼儿扮演小鸡，大家听音乐一同到草地上，并随音乐进行热身活动。(上肢运动、体侧运动、下肢运动、脚腕运动、全身运动)

2. 初步探索跨过栅栏的方法

(1)幼儿自由探索跨过栅栏的方法。
(2)请个别幼儿展示自己的方法。
(3)教师指导幼儿跨越高度不同的栅栏。

3. 游戏"小鸡捉虫"，巩固跨跳的动作要领

(1)介绍游戏规则和玩法。

教师：教师扮演老鹰，幼儿扮演小鸡。小鸡听到哨声，跨跳三次栅栏，钻过荆棘(半圆拱形器械)，捉一条虫子(用雪花插片代替)，到家中。跨跳栅栏，脚不能拖拉皮筋，钻过荆棘，捉到虫子后要赶紧回到家(长板凳围成的家)中。否则，会被老鹰捉走而停止玩游戏一次。

(2)师幼共同游戏，提醒幼儿注意安全，并遵守游戏规则。

(3)讨论：我们的家变小了(减少一条板凳)，怎样才能让所有的"小鸡"和"妈妈"都能躲进家中？幼儿讲述，师生共同总结方法。

(4)再次玩游戏，依次将小鸡的家逐渐变小(将凳子数量减少为一条长凳)。游戏中，教师及时表扬表现好的小鸡。

4. 放松身体，放松身体

随着音乐放松身体，小朋友们相互拍打身体进行放松，活动结束。

✿温馨提示

1. 此活动适合在空地或草地上进行。
2. 提醒幼儿注意安全，并遵守游戏规则。

猎人打猎

活动目标

1. 初步掌握肩上挥臂的动作。
2. 训练手臂力量、目测力和动作准确性。
3. 激发幼儿对投掷活动的兴趣。

活动准备

沙包、录音机、磁带。

活动过程

1. 热身活动,舒展身体

教师和幼儿一起做沙包操(上肢运动、下肢运动、体侧运动、体转运动、腹背运动、跳跃运动)

2. 幼儿探索沙包的玩法

(1)教师:今天要请小朋友们试一试沙包有哪些不同的玩法。
(2)幼儿自主探索沙包的不同玩法,教师巡回观察指导,提醒幼儿注意安全。

3. 探索沙包投远的方法,练习肩上挥臂投掷动作

(1)在场地上画起点线和投掷线。
(2)请幼儿把沙包向远处扔,看谁扔得远。
(3)讲解肩上挥臂投掷动作要领。
教师:投掷时侧对投掷方向,通过蹬地、转体、挥臂的动作将沙包投出。
(4)幼儿分散进行练习,教师重点指导能力弱的幼儿。
(5)幼儿分组站在起点线后,听口令用力将沙包投出去,看谁扔得远。进行多次投掷练习并提醒幼儿左、右手轮换投掷。

4. 游戏"打猎",训练幼儿的手臂力量

(1)介绍游戏规则和玩法。
教师:每组一名幼儿扮演猎人,其余的幼儿扮演小动物,与猎人面对面站着,猎人与小动物的距离为6~8米。猎人用沙包投掷小动物(只可以扔腿下部位),小动物可在规定范围内躲闪,被投中的小动物将被淘汰出局。
(2)幼儿与猎人互换角色,游戏2~3次。教师提醒幼儿要用正确的挥臂投掷动作进行游戏。

5. 放松活动,放松身体

温馨提示

1. 游戏中,教师提醒幼儿不要将沙包投向小朋友的面部。
2. 在幼儿已经基本掌握投掷方法后,教师应提醒幼儿进行左、右手交替投掷。

投纸球

🌸 **活动目标**

1. 探索纸球的多种玩法,锻炼身体的协调性。
2. 能熟练做抛球、接球、投球等多种动作,锻炼手臂的爆发力。

🌸 **活动准备**

报纸球、塑料篓、录音机、磁带。

🌸 **活动过程**

1. 热身活动,舒展身体

(1)带领幼儿慢速跑和中速跑。
(2)随音乐做准备活动:活动头颈部、双臂、胸部、腰腹、膝盖、脚踝等部位。

2. 幼儿自由玩纸球,探索纸球的多种玩法

(1)教师:小朋友们,看这是什么球?(报纸球)怎样用它来锻炼身体呢?
(2)幼儿自主探索纸球锻炼身体的方法,教师巡回观察并进行个别指导。

3. 用纸球进行抛、接、投等动作的练习

(1)一人:左右手抛接球;双手向上连续抛接球(尝试不同的高度);双手向上抛球,迅速拍掌后接住球等;最后请幼儿向大家分享自己的玩法。
(2)两人:两人相隔一定距离面对面站着,双手、单手抛接一个球,两个球相互抛接;投篮,一人双手抱在前面做篮筐,另一人将球投进篮筐。最后请幼儿分享自己的玩法。
(3)幼儿可两人结伴,相隔3米以上,一人提塑料篓做篮筐,一人投掷,两人一个抛一个接,投6次后交换。

4. 幼儿分组进行纸球投掷竞赛,感受小组合作的快乐

(1)介绍游戏的规则与玩法。
教师:幼儿分4组,在场地4个角分别放置各组的塑料篓,各组在距离塑料篓3米、5米、7米处的地面上画3条弧线,幼儿由近到远地将手中的纸球向各组的塑料篓里投,左、右手交替投。
(2)幼儿分组游戏2~3次,教师提醒幼儿用正确的投掷动作。

5. 放松活动,放松身体

(1)带领幼儿将场地上的纸球捡起放到塑料篓里,将器械带回班级。
(2)带领幼儿随音乐做放松活动。

🌸 **温馨提示**

1. 教师可根据幼儿投掷的能力,调整投掷距离。
2. 提醒幼儿在游戏时不要将纸球投向对面同伴的面部,以免发生伤害。

小小巡逻兵

◆ 活动目标

1. 练习钻、爬、跳等基本动作,锻炼身体的灵活性。
2. 幼儿乐意参与角色扮演,体验游戏的快乐。

◆ 活动准备

高度为1米的大钻圈、高度为60厘米的小钻圈、垫子、小沙包。

◆ 活动过程

1. 热身活动,舒展身体

和幼儿一起学习"巡逻兵"的动作,活动身体。(上肢运动、体侧运动、下肢运动、脚踝运动、全身运动)

2. 幼儿学习巡逻兵的本领,练习侧身钻、爬的动作

(1)幼儿做小巡逻兵,到场地中间去自由学习巡逻兵的钻、爬、跳的本领。教师进行巡回指导。

(2)做示范动作,并讲解动作要领。

教师:身体侧对山洞,下蹲,先一只脚迈向山洞,低头弯腰,然后前移重心,另一只脚钻过山洞。

(3)教师:巡逻兵们,我们马上就要执行任务去了。在执行任务时,将会遇到很多障碍,所以我们要熟练地学会钻山洞、爬草地的本领。

(4)引导幼儿重点练习侧身钻山洞的动作。

3. 游戏"我们去巡逻",巩固侧身钻、爬、跳的动作

(1)介绍游戏规则和玩法。

教师:现在,我们要去执行任务,分成两个大组去完成。每组幼儿在听到老师的信号后,一个接着一个从场地起点出发,钻过3个大圈(高度为1米的大钻圈),爬过2个垫子,跳过5个沙包,再钻过3个小圈(高度为60厘米的小钻圈)到达终点。

(2)幼儿进行游戏2~3次,教师提醒幼儿动作要规范。

4. 放松活动,放松身体

◆ 温馨提示

1. 活动前注意检查操场,排查有无尖锐的物品。
2. 幼儿在巡逻的时候,提醒幼儿注意安全,遵守游戏规则。

小小螃蟹

❥ 活动目标

1. 练习手脚着地横爬的动作,锻炼身体的灵活性和协调性。
2. 体验团队合作进行游戏的快乐。

❥ 活动准备

桌子、泡沫垫、录音机、磁带。

❥ 活动过程

1. 热身运动,舒展身体

播放音乐,带领幼儿模仿小螃蟹的动作,活动头部、腰部、上肢、下肢等。

2. 练习用手脚着地的方法横爬,提高身体的协调性

(1)幼儿自由探索手脚着地横爬的动作。

教师:小朋友们,我们一起来学学小螃蟹是怎么爬的,看看谁学得最像。

(2)示范手脚着地横爬动作,并讲解动作要领。

教师:要保持手脚着地、双脚弯曲的姿态,向前爬行。

(3)幼儿集体练习手脚着地横爬动作。

3. 游戏"小螃蟹过河",巩固练习手脚着地横爬的动作

(1)布置池塘场景。(标记起点和终点)

(2)介绍游戏的规则和玩法。

教师:小螃蟹们从池塘的一边出发(起点),爬到另一边(终点),爬的时候要手脚着地横爬。如果手脚没着地,就算犯规,要从起点重新出发。

(3)幼儿玩游戏,教师给予适时指导。

4. 幼儿分组竞赛,锻炼身体的灵活性

(1)介绍比赛规则。

教师:小朋友分成4组进行接力赛,大家先手脚着地横向爬并钻过石洞(桌子代替)、绕过水草(从垫子上侧身滚过去),到达前方后再返回起点位置,这时第二个小朋友才能出发。小朋友们要保持手脚着地、双脚弯曲的姿式,哪一组最快到达终点为赢。

(2)幼儿分组竞赛2~3次,提醒幼儿注意安全。

5. 放松活动,放松身体

(1)教师:小朋友们,让我们一起拍拍小胳膊、拍拍小腿,放松放松吧!

(2)播放轻音乐,在音乐声中结束活动,返回活动室。

❥ 温馨提示

此活动适合在空地或草地上进行。

熊宝宝减肥记

🌿 **活动目标**

1. 练习用各种姿势钻过60厘米高的松紧带。
2. 锻炼四肢的协调性和灵活性。
3. 感受自选器械运动的乐趣。

🌿 **活动准备**

熊妈妈头饰、小熊头饰、小椅子、松紧带、呼啦圈、垫子、皮球、录音机、磁带。

🌿 **活动过程**

1. 热身活动，舒展身体

老师扮熊妈妈，幼儿扮熊宝宝，在音乐的伴奏下做操。（头部运动、上肢运动、扩胸运动、腹背运动、下肢运动）

2. 游戏"熊宝宝减肥"，练习钻的动作

（1）用10张小椅子分别拉着4根离地60厘米的松紧带，幼儿尝试用各种姿势钻过绳子，如正钻、侧钻、爬等。

（2）幼儿尝试在离地60厘米的松紧带下侧身钻，教师巡回观察指导。

（3）示范并讲解动作要领。

教师：身体蹲下来，先伸出一条腿，然后头和身体放低从松紧带下钻过去，再收回另一条腿。

（4）幼儿分组进行侧身钻练习2～3次，教师提醒幼儿按照顺序依次钻过去，不要插队。

3. 游戏"健身馆"，锻炼幼儿四肢的协调性和灵活性

（1）幼儿自选器械进行锻炼。

（2）教师进行个别指导，提醒幼儿注意安全。

4. 放松活动，放松身体

🌿 **温馨提示**

1. 活动前，教师注意检查操场有无尖锐的物品。
2. 幼儿在分组进行侧身钻练习时，教师提醒幼儿按照顺序依次钻过去。

小小解放军

活动目标

1. 学习匍匐爬行的方法,锻炼手部力量。
2. 练习跨跳 20～40 厘米高的栅栏。

活动准备

电网(用皮筋拉成,皮筋上有铃铛)、栅栏(用皮筋代替)、投弹区(呼啦圈)、手榴弹(用纸球代替)、碉堡(用纸盒代替)、录音机、磁带。

活动过程

1. 热身活动,舒展身体

(1)带领幼儿模仿解放军踏步,随音乐有序进入场地。

(2)幼儿随教师自编的口令进行相应的热身运动。(上肢运动、体侧运动、下肢运动、脚腕运动、全身运动)

2. 练习匍匐前进、跨跳的基本动作

(1)示范并讲解动作要领。

教师:身体要紧贴地面,肘关节和膝关节要协调一致向前行进。

(2)让幼儿自由练习,教师指导并纠正个别动作不到位的幼儿。

(3)幼儿匍匐爬出电网。

教师:小解放军们注意了,爬出电网时,身体要尽量贴近地面,头微抬,借助双肘及双膝的力量向前爬。

3. 练习跨跳动作

(1)示范并讲解动作要领。

教师:跨栏时,脚不能碰到皮筋,不能摔倒。

(2)幼儿自由练习,教师鼓励幼儿选择适合自己的高度进行跨跳练习。

4. 游戏"炸碉堡",练习匍匐前进、跨跳的动作

(1)设置情景。

教师:刚才接到上级命令,敌人现在就在不远处的碉堡里,并准备袭击我们。我们都是勇敢的小解放军,现在必须去炸碉堡!你们有信心吗?

(2)介绍游戏玩法和规则。

教师:听到哨声后,爬出敌人布置的"电网",再跨过"栅栏",然后去拿"手榴弹"炸毁"碉堡"。爬过"电网"时,身体尽量贴近地面,头不能碰到电网。跨"栅栏"时,要把腿尽量抬高,不要碰到皮筋。

(3)幼儿游戏,提醒幼儿注意安全,并遵守游戏规则。

(4)教师:敌人把电网的高度降低了(降低皮筋的高度),怎么样才能安全通过电网呢?

(5)再次游戏,逐渐将"电网"降低,增高"栅栏"的高度。安全爬过"电网"、跨过"栅栏"的小解放军,教师及时给予表扬。

5. 放松活动,放松身体

温馨提示

1. 此活动适合在空地或草地上进行。
2. 练习跨跳动作时,教师要提醒幼儿选择适合自己的高度进行练习。

好玩的椅子

◆ **活动目标**

1. 探索椅子的多种玩法,锻炼身体的平衡能力和协调能力。
2. 懂得遵守游戏规则,有保护自己身体的意识。

◆ **活动准备**

小椅子、录音机、磁带。

◆ **活动过程**

1. 热身活动,舒展身体

(1)幼儿每人拿一把小椅子,带领幼儿进入场地,四散站立。
(2)幼儿手拿椅子,在音乐伴奏下,师幼一起做椅子操。(上肢运动、体侧运动、下肢运动、脚腕运动、全身运动)

2. 探索玩椅子的方法

(1)幼儿自由探索玩椅子的方法。
(2)请个别幼儿介绍并展示自己的玩法。

①骑马:将椅背朝前跨坐在椅子上,手持椅背向前上方跳起,模仿骑马动作,在场地上来回行进2~3次。

②爬山:教师引导幼儿两人一组将椅子纵向摆成"小山",进行"爬山"练习,即踏上椅面→跨过椅背→踏上另一椅面→跳下。

③走独木桥:自由组合将椅子横向并排当作独木桥,进行"走独木桥"的练习。练习一段时间后,引导幼儿将所有椅子并排放在一起,练习走"长独木桥"1~2次。

④走脚印:将椅背着地,把椅背与椅面之间的空间当成马蹄印,沿"马蹄印"行走1~2次。

⑤走超级独木桥:教师引导幼儿将放倒的椅面边缘当作超级独木桥,并在桥上行走。如果幼儿行走有困难,可以让幼儿自由选择一个合作伙伴互相搀扶前进。

3. 结束活动,放松身体

(1)教师表扬勇敢且不怕困难的幼儿。
(2)幼儿随音乐做骑马动作,并将椅子带出场地。

◆ **温馨提示**

1. 选择一块较宽敞、柔软的场地。
2. 提醒幼儿在使用椅子的过程中注意安全。
3. 活动中应根据幼儿的个体差异选择玩椅子的方法。

花样轮胎

活动目标

1. 大胆地探索轮胎的多种玩法。
2. 练习跑、跳、跨、平衡等基本动作,训练身体的灵活性。

活动准备

轮胎、梯子。

活动过程

1. 热身活动,舒展身体

带领幼儿随音乐做韵律操。(上肢运动、体侧运动、下肢运动、脚踝运动、全身运动)

2. 探索轮胎的各种玩法

(1)鼓励幼儿用多种方式自由玩轮胎。

(2)幼儿集中交流游戏玩法,将新颖、有趣的方法彼此分享。

(3)请部分幼儿示范合作玩轮胎。

3. 游戏"挑战自我",训练身体协调性和灵活性

(1)介绍游戏规则与玩法。

教师:幼儿分成四组,一、二组幼儿抬着有轮胎的梯子,到达终点交给对面小朋友;三、四组幼儿接过梯子交到对面小朋友手中,依次类推。

(2)幼儿玩游戏2~3次。

(3)表扬完成任务的幼儿。

4. 放松活动,放松身体各部位

(1)带领幼儿坐在轮胎上相互揉揉、捶捶、拍拍。

(2)组织幼儿整理运动器械。

温馨提示

1. 幼儿自由玩轮胎时,教师提醒幼儿滚轮胎的速度不要太快,注意安全。

2. 在活动中应注意幼儿的个体差异,对于体弱的幼儿和生病的幼儿,在抬轮胎时,教师应给予一定的帮忙。

呼啦圈

🏃 活动目标
1. 尝试探索呼啦圈的多种玩法。
2. 听口令转呼啦圈,锻炼幼儿身体的灵活性和反应能力。

🏃 活动准备
长臂猿头饰、呼啦圈、录音机、磁带。

🏃 活动过程

1. 热身活动,舒展身体

带领幼儿随音乐《库企企》一起活动身体。(头部运动、上肢运动、侧身运动、踢腿运动、跳跃运动)

2. 探索呼啦圈的多种玩法

(1)教师:大家试一试呼啦圈有哪些不同的玩法?

(2)幼儿探索玩呼啦圈的方法。

(3)教师总结:呼啦圈可以滚着玩(站到同一起跑线上,进行滚圈比赛);钻着玩(两个人一组,一个拿圈一个钻);晃着玩(腰晃、胳膊晃)等。

3. 游戏"躲避长臂猿",练习口令占圈

(1)设置情景,介绍游戏规则和玩法。

教师:大家站成一个圆圈,呼啦圈放在圈内。老师扮演长臂猿,大家沿呼啦圈顺(逆)时针走或跑,听到口令后,迅速跳进呼啦圈,躲避长臂猿。

(2)练习跳单圈。

幼儿听到口令"1个圈",就迅速跑向呼啦圈,并双脚跳进呼啦圈,占领呼啦圈。否则就会被长臂猿(教师带头饰扮演)捉住,停玩一次游戏。

(3)练习跳双圈。

幼儿听到口令"2个圈",就迅速跑向呼啦圈,跳进呼啦圈,双脚分开,占领两个呼啦圈。否则就会被长臂猿捉住,停玩一次游戏。

4. 占领呼啦圈

(1)请个别幼儿示范占领3个呼啦圈的方法。

(2)教师小结:两只脚占2个圈,一只手占第三个圈;屁股占1个圈,两只手占2个圈等。

(3)介绍游戏的规则和玩法。

教师:幼儿听到口令"3个圈",就迅速跑起来并想办法占领3个圈,否则就会被长臂猿捉住,停玩一次游戏。占领呼啦圈时,提醒幼儿注意避让同伴;幼儿想办法用身体的各个部位占领呼啦圈;一个呼啦圈可以同时被几个幼儿占领。

5. 放松活动，放松身体

跟随音乐，师生一同手持呼啦圈，左右摇晃身体，进行放松活动。

温馨提示

1. 此活动适合在空地或草地上进行。
2. 提醒幼儿在游戏时，注意保持距离，以免发生碰撞。

亲子活动设计

亲子活动是幼儿和家长一起进行的游戏活动，分为小班、中班、大班三个年龄段。在活动时，通过家长和幼儿的合作，共同完成游戏。通过游戏，幼儿不仅锻炼了运动能力，而且还提高了动作协调性，更增进了亲子间的沟通与交流。

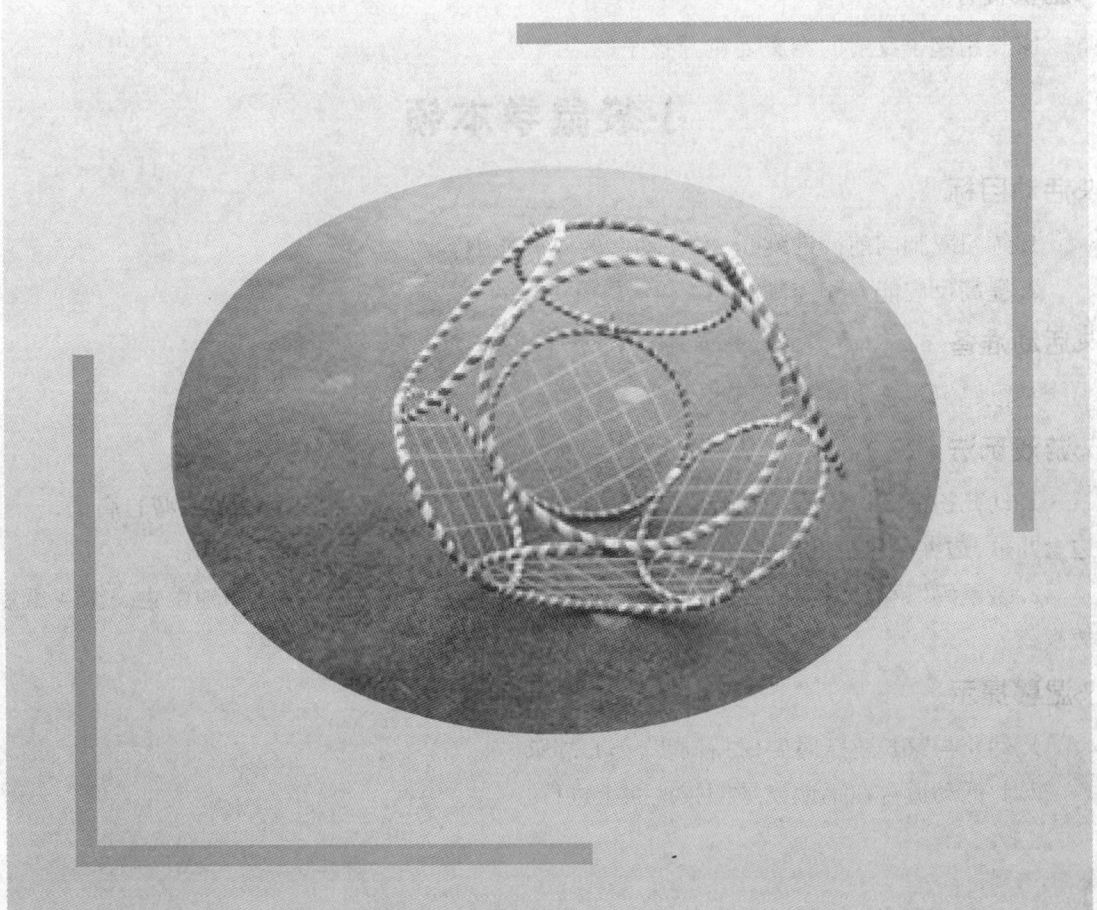

小班

射光斑

🔸 **活动目标**

1. 家长和幼儿共同参与"射光斑"的亲子游戏,增进亲子感情。
2. 幼儿在参与活动的过程中避免和他人碰撞,反应要敏捷。

🔸 **活动准备**

两面小镜子、手势枪。

🔸 **活动过程**

1. 家长拿着小镜子,对着太阳光站立,墙上将会出现光斑,然后晃动镜子,让幼儿边念儿歌边用手势枪去射墙上的光斑。
2. 家长用两面小镜子反射阳光,将光斑照在地上,让孩子用脚去踩地上的光斑。

🔸 **温馨提示**

家长用镜子反射的光斑要避开孩子的眼睛。

小袋鼠学本领

🔸 **活动目标**

1. 练习双脚向前行进跳跃,发展动作的协调能力。
2. 提高反应能力和控制能力。

🔸 **活动准备**

袋鼠妈妈头饰、小袋鼠头饰。

🔸 **游戏玩法**

1. 幼儿扮演袋鼠妈妈站在前,家长扮演小袋鼠站在后,双手搭在袋鼠妈妈的肩上,一起边念儿歌,边练习双脚向前行进跳跃。
2. 袋鼠妈妈和小袋鼠站在场地中央,随音乐四散跳跃,然后再返回场地中央。游戏重复数次。

🔸 **温馨提示**

1. 幼儿与家长跳跃时要保持同步,小心绊脚。
2. 此活动适合在平地或是塑胶地面上进行。

小熊过桥

活动目标
1. 练习跨的动作,注意把握身体平衡。
2. 共同体验亲子游戏的快乐,增进亲子关系。

活动准备
小熊头饰、幼儿活动场地。

游戏玩法
两名家长为一组,蹲下并双手交叉相互握在一起作为"桥头",其余家长也做出相同动作并依次以纵队站好,为幼儿搭建好"小桥",幼儿戴小熊的头饰进行跨的练习,开始游戏。游戏可重复进行。

活动建议
1. 家长根据幼儿的能力和动作水平调整手臂的高度,以免绊倒幼儿。
2. 幼儿的头饰也可换成袋鼠或其他动物的头饰。

蚂蚁运粮食

活动目标
1. 能运用多种方法运粮食。
2. 游戏结束后,能将游戏材料收放整齐。

活动准备
运粮食的工具(如纸棍、小筐、布等),纸球(代替粮食)。

活动过程
从"庄稼地"往蚂蚁家运送粮食,幼儿与家长先商量用什么工具来运粮食,然后两人一起运,每次只能运一个,并且要用不同的方法,运送过程中粮食不能掉下来,看谁运得又快又多。

温馨提示
家长可以在家进行运送类游戏,如运碗筷、运水果等,让幼儿在游戏中做力所能及的事。

中班

老鼠笼

✤ 活动目标

1. 能在儿歌结束后迅速钻出圈外,锻炼反应能力。
2. 能快速躲避并动作灵活地钻。

✤ 活动准备

小老鼠头饰、50厘米长的绳子、垫子。

✤ 活动过程

将海绵垫铺在地上,家长抓住绳子围成一个竖立的圆圈,做成老鼠笼。幼儿在圈外扮小老鼠。游戏开始时,大家唱儿歌,家长把绳子拿到腰的高度,幼儿边唱儿歌边钻出钻进。当幼儿唱到最后一个字时,家长蹲下。被老鼠笼关住的幼儿停止游戏,其余幼儿继续游戏。

✤ 温馨提示

1. 此游戏适合在操场或草地上进行。
2. 当家长蹲下(关闭开口)的时候,被圈住的幼儿不可再强行钻出。以防被绳子勒住。

跷跷板

✤ 活动目标

1. 练习腰腹力量,增强身体协调性。
2. 感受和家长合作游戏的快乐。

✤ 活动准备

毛巾、垫子。

✤ 活动过程

1. 家长和幼儿各拿一条毛巾,面对面屈膝地坐在垫子上。
2. 家长用脚勾住幼儿的小腿,两条毛巾交叉在一起,两人分别抓住毛巾的两端。
3. 两人模仿玩跷跷板的样子,随着儿歌有节奏地一起一落。

✤ 注意事项

1. 游戏时要抓紧手中的毛巾。
2. 家长要用脚勾住幼儿的腿,防止幼儿因重心不稳而摔倒。

小猴摘果子

🐾活动目标
1. 学习原地纵跳取物,锻炼弹跳能力。
2. 能手脚配合、全身协调地向前爬。

🐾活动准备
废旧报纸、"果子"(用沙包代替)。

🐾活动过程
在两个柱子间拴上一根绳子,将果子拴在绳子上,家长两人面对面站立,每人双手拽住报纸的两个角并把报纸铺在地上,依次排成"S"形。幼儿边唱儿歌边从报纸上面爬过,然后跳起摘"果子"。

🐾温馨提示
1. 报纸容易破损,也可用废旧床单或桌布替代。
2. 游戏时,每对家长可从队头依次向队尾移动,使幼儿能够重复练习手脚爬。

勇敢的小战士

🐾活动目标
1. 增强身体的灵活性,锻炼躲闪及反应能力。
2. 体验和家长一起进行游戏的快乐。

🐾活动准备
废旧报纸。

🐾活动过程
将若干张报纸粘贴起来,做成一个大大的圆圈,将报纸圈竖立起来,家长站在圈中间,面朝同一个方向,双手举起,托住报纸圈顶端,同时脚踩报纸圈底部,手脚同时移动向前走,模仿坦克履带的形状。幼儿从坦克履带的一侧穿过家长与家长之间的缝隙到另一侧,再从前一个家长中间穿回去,或沿"S"形来回快速走或跑。

🐾温馨提示
1. 家长之间的距离要稍微大一些,以便幼儿从中间穿过。
2. 因报纸容易损毁,可把两至三层报纸粘贴在一起,家长向前走的时候要注意不要将报纸弄破。

鱼跃龙门

➔ **活动目标**

1. 能根据不同的高度进行跨跳。
2. 积极参与游戏，大胆进行挑战。

➔ **活动准备**

垫子。

➔ **活动过程**

家长两腿并齐，侧卧在垫子上，孩子站在家长腿的后面做好准备。孩子双脚并齐从家长腿的后面跳到前面，家长也可根据孩子的跳跃水平逐渐将一条腿抬高，使跳跃高度增加，从而增加游戏的挑战性。

➔ **注意事项**

1. 此游戏适合在平地或塑胶地面上进行。
2. 游戏时，幼儿注意不要踩到家长的脚。

大班

手脚传球

➔ **活动目标**

1. 能手脚协调地玩传球游戏。
2. 体验与家长一起进行游戏的快乐。

➔ **活动准备**

皮球、垫子。

➔ **活动过程**

1. 家长与幼儿躺在垫子上，手脚相连围成一个圈。
2. 家长用手拿着球传给自己的双脚，再用双脚将球传到幼儿的手上，游戏依次进行。
3. 游戏可以分为两队进行，先将球传到终点的一队获胜。

➔ **注意事项**

1. 传球时，皮球尽量不要掉到地上。
2. 活动时，建议幼儿穿软底的鞋子；用脚夹球传给别人时，注意不要碰到他人脸部。

滚滚车轮

❧ 活动目标

1. 练习双手从胯下向后传轮子,锻炼手脚的协调能力。
2. 主动参与集体竞赛游戏,家长和幼儿共同配合完成游戏。

❧ 活动准备

大号奶粉罐装饰的自制轮子。

❧ 活动过程

1. 教师将幼儿与家长分成四组,每组包括3名幼儿和3名家长。
2. 3名幼儿与其家长交替站成一队,双腿叉开站立。
3. 游戏开始后,第一名幼儿从胯下将轮子向后滚给后面的家长,再由家长向后依次传轮子,直至队尾。
4. 传完的幼儿和家长依次向后跑到队尾继续传轮子,游戏持续进行。

❧ 温馨提示

1. 当轮子偏离队伍时,该队游戏结束。坚持时间最长的一组获胜。
2. 在游戏中,从胯下向后传轮子时避免手与地面接触,注意安全。

海洋球传传乐

❧ 活动目标

1. 能手眼协调地快速传球,锻炼快速反应能力。
2. 主动参与集体竞赛游戏,家长和幼儿共同配合完成游戏。

❧ 活动准备

小筐、海洋球。

❧ 活动过程

1. 幼儿与家长混合排列成一队(排头第一个是幼儿,幼儿站立、家长蹲),每人手里拿两个小筐。
2. 游戏开始后,第一名幼儿拿起一个海洋球放在自己的左手筐里,向后倒进身后家长左手的筐里,身后的家长再依次向后传下去。
3. 当传到最后一个人时,将左手筐里的球倒进右手筐里,再往前倒给前面的人,前面的人再依次向前传下去。
4. 当海洋球传到第一个幼儿右手的筐里时,则该队游戏结束。

❧ 温馨提示

1. 既可采用头上传球的游戏方式,也可把家长、幼儿分成两队来做游戏。
2. 在传球时,注意避免将筐子触碰到游戏者的脸部。

神奇的魔法鞋

🌸 **活动目标**

1. 练习身体的协调性,能够穿着"魔法鞋"平稳地向前走。
2. 在活动中,提高亲子间配合的默契程度。

🌸 **活动准备**

比幼儿的鞋大一点的纸盒。

🌸 **活动过程**

1. 游戏开始后,家长将一个纸盒放在幼儿的前方,幼儿把一只脚放进纸盒里。
2. 家长再迅速将第二个纸盒放在幼儿的前方,幼儿把另一只脚放进第二个盒子里。这样,孩子每向前走一步,家长就往前挪一次盒子,直到终点。(家长每次挪动纸盒的距离约为20~40厘米)。

🌸 **温馨提示**

1. 幼儿在走动时,如果站不稳,可以用手扶着家长。
2. 游戏中,注意不要将鞋盒拿得太远,以免孩子滑倒、摔倒。

幼儿园自制体育器材

自制体育器械是指教师在活动中自己设计、制作玩具。这些户外玩具大多来自废旧材料。根据幼儿的兴趣和年龄特点，教师制作出的精美、好玩、有趣的户外玩具，深受幼儿们的喜爱。

彩色魔方

✤ **制作材料**

纸箱、彩色卡纸、泡沫纸。

✤ **制作方法**

将纸箱外包上彩色卡纸,并画上或贴上各种图案。

✤ **玩法**

1. 幼儿手抱彩色魔方,向上抛接。
2. 两名幼儿合作抱住彩色魔方向前移动。

✤ **目标**

发展手臂的抛接力量,锻炼身体的灵活性。

毛茸茸的球

✤**制作材料**

各种彩色的毛线。

✤**制作方法**

先将毛线绕成一团,中间用线系紧,毛线两头用剪刀剪开并理顺。最后,在毛线球上系一根绳子。

✤**玩法**

1. 幼儿手拿毛线球向上抛接。
2. 幼儿手拿绳子,用脚踢毛线球。

✤**目标**

锻炼手臂的抛接力量及手眼协调能力。

爬爬乐

制作材料
废旧纸箱、颜料、即时贴。

制作方法
将纸箱剪成长条形并把两头围合,在纸箱的外面刷上颜料或用即时贴粘贴进行包装。

玩法
1. 幼儿钻跪在纸箱中,双手、双脚向前爬,带动纸箱前进。
2. 将纸箱放在地面上作为游戏道具,供幼儿游戏。

目标
练习手膝爬,体验爬行的快乐。

拾果果

制作材料
塑料筐、毛线、沙包。

制作方法
将毛线编成麻花绳,固定在塑料筐的两边做背带,并在塑料筐上装饰各种图案。

玩法
1. 幼儿将塑料筐背在后背,在地上捡小果子放进小筐里。
2. 幼儿可将塑料筐背在胸前,从地上捡小果子自己放入小筐里。

目标
锻炼手眼协调能力,提高身体灵活性。

跳来跳去

❧**制作材料**

废旧纸箱、方形鞋盒、各色颜料。

❧**制作方法**

将纸箱裁剪后制作成立体的三角形,再把方形鞋盒的盒子和鞋盒盖组合在一起,并用各种颜料在鞋盒上涂上各种图案、色声。

❧**玩法**

将立体三角形和鞋盒(鞋盒盖)组合摆成一列纵队,幼儿遇到立体三角形需跨过去,遇到鞋盒(鞋盒盖)组合就并拢脚跳进、跳出。

❧**目标**

1. 锻炼跨跳和双脚跳的能力。
2. 提高应变能力和身体的协调性。

多面投球

⮕ **制作材料**

废旧呼啦圈、软铁丝、即时贴、毛线。

⮕ **制作方法**

先将废旧的8个呼啦圈用即时贴装饰好,然后将其中的4个呼啦圈用毛线缠绕成格子状,再将呼啦圈用软铁丝固定成一个球状。

⮕ **玩法**

幼儿围绕球筐,站在四周,往没有缠绕毛线的呼啦圈里投球。

⮕ **目标**

练习将球投进洞里,锻炼幼儿的手眼协调能力。

我是小小挑山工

❧ **制作材料**

竹竿(废旧拖把)、毛线、废旧纸盒、即时贴、皮球、沙包。

❧ **制作方法**

将毛线编成麻花绳,固定在废旧纸盒的四个角上,再用即时贴把竹竿装饰好。

❧ **玩法**

在废旧纸盒里装上适当的物品,如皮球、沙包等,幼儿用竹竿挑起装有物品的纸盒,保持担子的平衡后向前行走。

❧ **目标**

感受平衡游戏带来的乐趣,提高身体的灵活性。

紧抓不放

❧**制作材料**

废旧手套、布、棉花、魔术贴。

❧**制作方法**

用布和棉花制作一个布球,然后分别在手套和布球上缝上不同面的魔术贴。

❧**玩法**

两人合作游戏,一人一只缝有魔术贴的手套,轮流投、抓布球,布球被抓住后便会被手套上的魔术贴粘住。

❧**目标**

在游戏中尝试快速地抛接球,感受与同伴合作游戏的快乐。

乌龟爬爬

ᦙ制作材料

鞋盒、绿色和黑色颜料、废旧沙包、废旧布条。

ᦙ制作方法

先将鞋盒的里、外分别用绿色和黑色颜料画上乌龟身上的花纹,再将废旧布条分别系在鞋盒的四个角上。

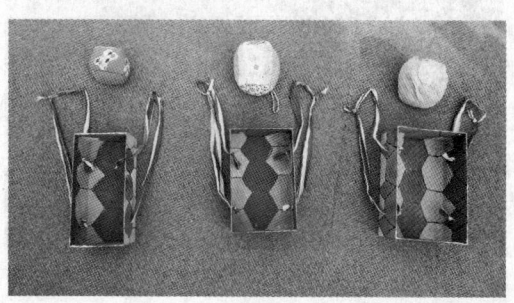

ᦙ玩法

幼儿可以将"乌龟壳"背在自己身上,扮演小乌龟在地上爬,也可以将"乌龟壳"反过来背在身上,在"乌龟壳"内放上重量适当的物品,供幼儿玩运货的游戏。

ᦙ目标

发展四肢交替爬的灵活性,提高对体育活动的兴趣。

动物套圈圈

✥ **制作材料**

报纸、透明胶布、饮料瓶、小石头、彩色卡纸、彩色即时贴等。

✥ **制作方法**

用报纸拧成一个长条,弯成圈状,两头相接并用透明胶布固定,用彩色即时贴缠绕一圈进行装饰。在饮料瓶里放入小石头,以增加重量。根据游戏需要,可用彩色卡纸制作成小动物的头饰,并将头饰固定在饮料瓶上端。

✥ **玩法**

幼儿根据能力调整自己与小动物之间的距离,再用彩色的圈圈套自己喜欢的小动物。

✥ **目标**

感受套圈的快乐,培养动作的协调性。

我给小兔喂萝卜

🌿 **制作材料**

报纸、胶带、纸箱、软垫、彩色卡纸。

🌿 **制作方法**

将报纸揉成一个小团,用胶带固定,再用彩色卡纸做成小兔子头饰,粘贴在纸箱侧边上。

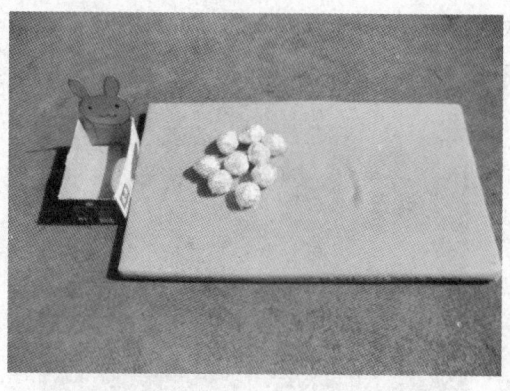

🌿 **玩法**

幼儿平躺在软垫上,在脚的位置放上很多纸球,头的位置放上小筐子。幼儿用仰卧起坐的方法坐起来拿纸球,再平躺用手臂将球送入筐内。

🌿 **目标**

锻炼腹部力量和耐力。

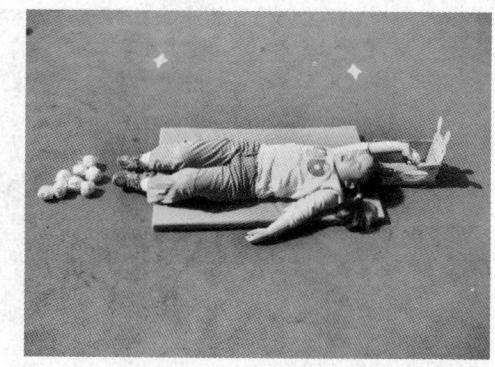

旋转的飞盘

🌿**制作材料**

丝绵、彩色碎布、针、花边等。

🌿**制作方法**

将棉布裁剪成两片大小一样的圆片，然后对接缝上，塞上丝绵，封口。再沿着圆圈缝制一圈花边。

🌿**玩法**

幼儿一人可手持飞盘倾斜 45°利用手腕的力量将飞盘飞出去。幼儿二人可面对面站立，互相抛接飞盘。

🌿**目标**

发展手腕的灵活性，练习抛掷的动作。

滚动棒

✤ **制作材料**

易拉罐、长棍、铁丝。

✤ **制作材料**

将易拉罐两端钻孔,将铁丝从孔中穿过,再把铁丝两端对接,安装在长棍的一端,用铁丝缠绕固定。

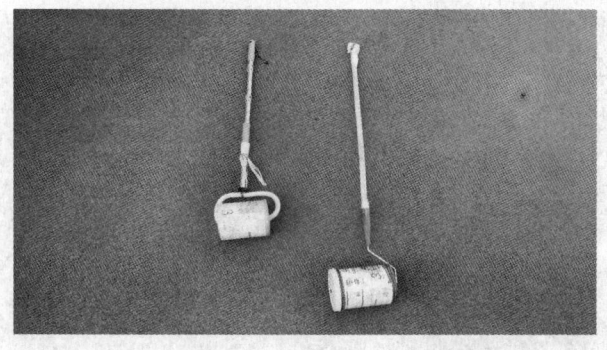

✤ **玩法**

幼儿手持滚动棒,将自制的滚动棒沿着指定的直线或曲线滚动,眼与手要协调,使滚动棒不偏离指定的路线。

✤ **目标**

锻炼掌控方向的能力,提高用手臂控制玩具的能力。

掂一掂

制作材料
呼啦圈、宽的皮筋、空心皮球、即时贴。

制作方法
将呼啦圈用即时贴简单装饰，将宽皮筋一端固定在圈圈上，呈网格状，再进行交叉排列。

玩法
可一人用抛接器抛接空心皮球，也可两人合作互抛互接。将空心皮球放置球网正中心，用手部的力量将球抛起，再用球网接住。

目标
锻炼手部力量及其控制能力，促进手眼协调能力。

蹦蹦跳跳

☙ **制作材料**

空纸巾盒、报纸、透明胶带、皮筋、彩色卡纸、彩色即时贴等。

☙ **制作方法**

将报纸揉成一个小团,并用透明胶带固定。用彩色即时贴包裹空纸巾盒,将纸盒两头钻孔,然后用皮筋固定。可用彩色卡纸剪成各种图形,进行装饰。

☙ **玩法**

幼儿将球盒系在腰上,跳动或扭动身体,让盒内纸团弹出。

☙ **目标**

锻炼跳跃能力和身体协调能力。

后　记

　　幼儿期是身体发育和体能发展最为迅速的时期。因此，科学、合理地加强幼儿身体的锻炼是非常重要的。在幼儿园里，教师设计的体育活动不是单一的体能训练，而是以幼儿喜闻乐见的游戏形式将各种体格锻炼渗透其中。充满趣味的体育活动，不仅能激发幼儿的兴趣，而且能增强幼儿的体质，培养他们活泼健康、自信乐观、团结互助，勇于克服困难，勇于竞争的良好品质。

　　参与本书编写的人员有：韦佳佳、郑晨辰、翟伟伟、张晓梅、宣以菁、魏晓庆、钟鸣、黄滕、许亚丽、毛鸣明、刘烨等，他们都是我园的优秀教师。她们经过长期实践，积累了大量的教学经验，使本书图文并茂地汇集了许多经典的体育教案。我们还根据幼儿生理和心理特点，对这些教案进行多次打磨和实践，力求做到科学、有效、严谨，并有很多创新之处。

　　由于日常教学工作繁重，加上研究水平有限，本书会有许多不足之处，期望得到同行和专家的批评指正。

宗　珣

2016 年 6 月